禅学基础读本

发现自己

无文禅师给青年人上的 17 堂课

（日）山田无文／著
王伟／译

海南出版社
HAINAN PUBLISHING HOUSE

版权合同登记号：图字：30-2016-163 号
图书在版编目（CIP）数据
发现自己 /（日）山田无文著；王伟译 . -- 海口：海南出版社，2018.4
ISBN 978-7-5443-7906-9
Ⅰ. ①发… Ⅱ. ①山… ②王… Ⅲ. ①禅宗 – 文集
Ⅳ. ① B946.5-53
中国版本图书馆 CIP 数据核字 (2018) 第 009555 号

发现自己

作　　者：（日）山田无文
译　　者：王　伟
监　　制：冉子健
责任编辑：孙　芳
执行编辑：张　雪
责任印制：杨　程
印刷装订：北京盛彩捷印刷有限公司
读者服务：蔡爱霞　郄亚楠
出版发行：海南出版社
总社地址：海口市金盘开发区建设三横路 2 号　邮编：570216
北京地址：北京市朝阳区红军营南路 15 号瑞普大厦 C 座 1802 室
电话：0898-66830929　010-64828814-602
E-mail：hnbook@263.net
经销：全国新华书店经销
出版日期：2018 年 4 月第 1 版　2018 年 4 月第 1 次印刷
开　　本：880mm × 1230mm　1/32
印　　张：7.75
字　　数：125 千
书　　号：ISBN 978-7-5443-7906-9
定　　价：39.80 元

[目 录]

[求禅的年轻人]

绝对的真理在何方

今天的欧美，有很多年轻人在认真地坐禅，但他们并非和尚。他们的心里充满了上下求索的念头。他们究竟在求索着什么？

绝对的真理在何方？真实的自我是什么？这就是他们所要求索的。日本的诸位青年朋友，我也想请你们来坐禅，哪怕一天只坐禅 5 分钟也好。这并非为了他人，也并非为了社会，而是为了你们自己。

禅经常被人们说成一件难事。

花园大学每周都会安排一次课程，让同学们聆听关于禅的专门讲义并坐禅，但是，这种做法似乎与现代的大学生不太相符。第一，如果原封不动地引用古代以汉文写成的文章来授课，课堂上会有一些障碍。因为汉字本身就难以识读，而意思就更加看不懂了。甚至在学习禅学的学校，各位同学也基本上会遇到这种情况，所以，一般的年轻人认为禅是一件难事便成了顺理成章的事情。

但是，这样听之任之是不行的。因此，我就产生了用现代人也能看懂的平易的语言来讲解禅之精髓的想法，从今天开始，我就用通俗易懂的语言阐释一下我对禅的理解。

1983 年春，我受到位于美国旧金山的禅学中心的盛情邀请，出去了 10 天。实际上，他们想让我在美国停留一个月左右，但是，我确实没有那么多的时间。所以，只在旧金山停留了 4 天、在墨西哥停留了 5 天，后来又在两地参加了坐禅会，之后就回国了。今天，我想首先讲述一下我在美国坐禅的经历。

该禅学中心位于旧金山，是一个地下一层、地上三层的建筑。地下一层是坐禅堂，大堂在一楼。二楼和三楼用作住宿，成了修行的青年朋友的房间，我访问的时候，共有男女青年约 80 人。其中，身穿袈裟、剃过头的所谓的“和尚”有 4 个人，其余的都是在家的年轻人。

该禅学中心所修的是曹洞宗系的禅，稍稍有别于临济禅。特别需要指出的是，曹洞宗宣扬“威仪即佛法”，其做法也的确是比较严格的。无论在吃斋的时候还是在伺候别人吃斋的时候，从打开餐具的方法到餐具的摆放方法，都像茶的做法一样，一一做出了详细的规定。美国的青年人一丝不苟地遵守这些规定，认真修行，他们真诚的态度着实令人感动。

在这里，每个人早上5点钟起床，在6点半之前到地下的坐禅堂开始坐禅。然后到大堂，开始上早课。最初，他们和日本人的做法一样，伴随着木鱼的节奏按照汉文的读法诵读《般若心经》，接下来诵读翻译成英文的《般若心经》，再诵读曹洞宗名为《参同契》的经文和他所实行的时递代传法，即全体人员一起读出并回顾从释迦牟尼佛到道元禅师、与曹洞宗有关的诸位祖师的名字。接下来诵读的是名为“南无喝啰怛那……”的经文。最后，用汉文和英语诵读两次“众生无边誓愿度……”之后的《四弘誓愿》。

这样，早课就结束了，终于到了早斋的时间。早斋结束后，有工作的人到公司上班，学生到学校上课，大家各奔东西。到了晚上，大家悉数归来，一起坐禅。这就是他们一天的生活。

换而言之，旧金山的禅学中心是坐禅的学校和集体宿舍。从自己家里过来坐禅的也大有人在，在我访问该中心开展交流活动期间，前来坐禅的人就达到了200人。

从旧金山坐飞机，越过高山和平原，过200多公里，有一个位于谷地、名叫塔萨贾拉的地方。那里也有专门的坐禅堂，曾经有四五十个青年男女从1月10日～4月10日寸步不离这个坐禅堂，在此闭关坐禅。这四五十个人中没有一个是和尚，均为在家人。

在这个坐禅堂所在的山中有一些小房子，那里就是参禅者住宿的地方。到了凌晨3点半，值班人员就围着那些小房子边走边敲钟，叫醒那些参禅者。

在这里，坐禅的时间是凌晨4点～9点，然后就和禅学中心一样上早课，早斋是吃粥。早斋后，8点～9点是坐禅时间，9点以后一直到傍晚的这一时间段是被称为“作务”的劳动时间。该坐禅堂的附近有农田，那里既有干农活的人，也有来给木匠们帮工的人，都是一些辛勤的劳动者。到了晚上，人们又开始坐禅，一天就这样结束了，和在禅学中心的时候是一样的。

此外，位于洛杉矶的坐禅堂聚集了大概30个美国青年，毕业于京都大学的曹洞宗的年轻僧侣曾经热心地来这里做过指导。另外，我还去过一个大农庄里的坐禅堂。这个农庄在著名的金门大桥附近，名叫格林尼治村。

这样，仅在旧金山的周边地区就有四五处坐禅堂，洛杉矶有三四处，纽约也有大约 5 处，也就是说，在整个美国范围内大约有多达 20 处坐禅的专门道场。虽然我所访问过的只不过是其中的一部分，但是，我可以很确定地说，聚集在美国各地的这种坐禅堂中的人均不是和尚。他们只是一些在家的青年人。

他们究竟在求索着什么呢?

当前的现代文明遇到了一个难以逾越的障碍。这可能就是过分相信科学万能论的必然结果。于是，我就有了以下的想法：这样做是不行的，必须打破这个现代文明的僵局，打破这个僵局的方法在认真地做着某些求索的年轻人身上体现了出来。

我的一个朋友带着照相机周游世界各地，他回来后告诉我，现在，无论走到哪个国家都能看到嬉皮士。除了在苏联因国家不允许而看不到之外，他所到的伦敦、巴黎、比利时，嬉皮士比比皆是。

这些嬉皮士清一色地穿着破衣烂衫，光着脚走路。他们的头发也乱蓬蓬的，仅凭头发根本难以区分性别，在需要休息的时候他们就和衣躺在马路边睡下。

下面介绍一下告诉我以上见闻的朋友到了美国以后的

见闻。他听说在洛杉矶也有嬉皮士村之后，马上赶去探个究竟。到了那里以后，才知道那里的嬉皮士竟达万人之众，他们一天到晚无所事事。据说，他们只有在没有饭吃的时候才会去打一些零工。但是，他们也只工作两个小时左右，挣够吃饭的钱以后就离开了。

这个嬉皮士村里设有一些大筐子，社会上的人将旧衣服等物品丢到里面，这样，嬉皮士们就将穿腻了的衣服或烂得不成样子的衣服丢弃在那里，挑选自己看得上的衣服换上。

这些嬉皮士们的说法是：法律是什么？它不也是跟我们一样的那些人制定的东西吗？都是一些胡说八道的东西。道德是什么？它也是一些胡说八道的东西。情理、人情是什么？还是一些胡说八道的东西。

这些年轻人把什么都说成是胡说八道，所以，才按照自己喜欢的样子生活，我行我素。他们没有固定职业，想玩的时候就玩，想唱的时候就当着众人亢音高唱，想画的时候就随随便便地在路面上或别的地方胡乱画一通，想睡的时候，不分白天和黑夜，不分场合，在路边说睡就睡。其结果便是，他们对现代的一切事物都抱着一种抵触的态度。但是，这些嬉皮士们却说：无视一切和否定一切就是禅。所以，他们有时也会点上一炷香，模仿坐禅的样子。

确实如他们所言，客观世界或许能够被否定掉，说不定还能因此获得真正的自由。但是，精神和内心的自我真的能否定掉吗？

“如果有的话就想要”“想要这个”，诸如此类的自我的欲望是难以否定的，胡思乱想式的妄想和烦闷是难以否定的。痛苦、悲伤，没有一样是可以否定得了的。自我内心中的矛盾是无法化解的。所以，他们就企图通过吸毒来欺骗自己。这就是嬉皮士们的生存状态。虽然我也曾经通过某种方式发现了日本的学生领袖中也有一些类似的现象，但是，其中是没有思想的。他们只知道破坏，不懂得建设。

真正意义上的禅绝不是这样。真正意义上的禅就是否定一切，而否定一切的结果是，人们会发现一种新的主体性。如果使用稍微不好懂一些的话来说就是：从客观的世界中可以获得自由，从主观的世界中也可以获得自由，不受制于任何人、任何事物，而且发现的是一种具有创造性的主体性，以此去建设一个新世界，创造一个真实的人类的世界。采取这样积极的行动就是禅。

目前禅成了一个热点话题，虽然我本身并不喜欢这种说法，但是，禅目前也的的确确在成为越来越多的人的一种精神需求。

令人遗憾的是，以上所讲到的只是在欧美发生的事情，摆在我们面前的现实是，目前在日本几乎没有人那样热心地求禅。虽然有很多用于坐禅的专门道场，但是，那些道场却成了和尚的去处。其实这也有其道理在内，如果不去就难以称他们为和尚了，所以，在师父要求我去之后，心里虽然有些不痛快，但我每隔 1 ～ 3 年还是会去一趟的。我并无心思认认真真地去那里坐禅，只是为了获取一种履历。

而在美国，有一部分青年人认识到，以嬉皮士的状态混下去是得不到真正的自由的，这并不是一种真正的救济手段，于是，这些人就脱离了嬉皮士的群体，开始专心致志地坐禅。

这些人如今正在位于洛杉矶的禅堂中继续修行，其中有一位名叫佐佐木承周的和尚。这位和尚是饭山里面一个名叫正受庵的寺院的住持，在大约十年前去了美国。到了美国后，他三年之中没有做任何说教类的事情，独自一人默默地坐禅。不知从何时开始，在这位和尚的身后，坐禅的人慢慢地越聚越多，以至于最终建起了一座规模宏大的寺院。得到过这位承周和尚的拯救、如今已经成为该禅堂的领导人的，是原海军大将的儿子，这位青年曾经也是一个嬉皮士。

另外，有一位从该禅堂远涉重洋来到日本，让人给取了“月心”的名字、最终成为一名尼姑的女性。这位女性的事情毋庸赘言，她使无论是嬉皮士出身的青年还是其他很多在美国连和尚也不是的普普通通的青年，都开始认真地坐禅了。他们浑身上下透露着孜孜以求的精神。

看着美国青年这种求索的状况，“佛教东渐”这个词就会慢慢地被人们遗忘。

众所周知，佛法的发祥地是印度。但是，当佛教被传入位于世界东方的中国之后就消失了。而当佛教再经由中国向东传播到日本以后，中国的佛教也消失了。这种现象自古以来被称作“佛法东渐”，现在，佛法又进一步向东传播，人们认为，日本的佛教和禅正在横渡太平洋。假使如此，我将痛心疾首地发出自己的呐喊：日本的佛教可不要输给外国啊！日本的禅千万不要消失啊！现在已经到了最后的时刻了啊！

但是，如果已经到了最后的时刻，那将是一件不得了的事情。我们决不能让日本的佛教和禅消失。正因如此，我才热切地期望，从今以后，至少要让日本的年轻人知道什么是禅、什么是坐禅、为什么要坐禅，从最低的限度上理解禅之心。

禅者，心之名也，心者，禅之体也。

古人给出了这样的定义。所谓禅，就是自己的心的名字。人们给心的本质冠以“禅”的名字，铭刻在人性的原点的即为禅。假使如此，人生中最为重要的莫过于禅。

战后，人们不停地被告知要唤醒自我，这样的教育一直延续至今。人们所受到的教育是，“不要附和雷同”“不要被权力所支配”“自己决定自己的行动”“自己发现自己的人生”“自己开拓自己的未来”“自己建设自己的美好人生”。在这个意义上，自我的自觉的确重要至极。但是，被冠以“禅”的名称的心并不是那样的自我。

基督说：“心之净乃人之幸，其人当能面见神灵。”基督还说：“未还童心，难入天堂。”成人之心不可，青年之心亦不可。换言之，未舍弃自我的人罪孽深重，无论如何也是难以到达天堂的。未舍弃自我的人也是难以面见神灵的。只有拥有在产生自我自觉之前的婴儿般的纯洁的心灵的人心才能成为与神灵相通的心灵。

那么，那种自我自觉以前、获取知识以前、受教育以前以及有了社会阅历以前的与生俱来的童心、纯粹的人性、真实的自我又是什么呢？对于这个问题的探究即为禅。

有学者在书中指出，婴儿长到16个月大以后就知道了“1”。所谓知道“1”，就是说，无论看到什么都是一样的。这时的婴儿是分辨不出父母的，也不能将父母与他人区别开，分辨不出母乳和牛奶，分辨不出食物的味道，一切都是“1”，都是毫无差别的。这时的童心尚未受到污染。当婴儿长到32个月时，就具备了自我意识，就能够将自己与别人区别开了。这时，婴儿的脑子里开始有了“2”的概念。假使如此，婴儿就懂得了好恶、得失以及胜负。罪从此时已经开始了。

如果按照这个思路，那么，基督所说的“童心”就至少是婴儿出生后32个月之前的心。简而言之，对婴儿知道“1”之前是什么样子进行深入思考即为禅。

“1”之前是什么？如果“2”的前面是“1”，那么“1”的前面当然就是“0”了。换言之，人性的原点、人类自身的本质为“0”。

“0”的概念在佛教中被称为“空”，也就是数次出现在《般若心经》中的“空”。“空”与“0”都是一个意思，表示“平等”。在“空”中自我意识到永远的人性，这样纯粹的人充分发挥自己的个性，正确地指导自我，进而形成完美的自我，建设美好的社会，创造美好的世界，这种对纯粹的自我的探究即为禅。坐禅就是为了这个目的而进行的。

妙心寺为在家的各位坐禅者规定的生活信条的第一条就是“每天一次静静打坐，调整身体、呼吸及内心”。正如该规定中所说，坐禅就是调整身体、呼吸及内心。所谓调整，就是还原应有的姿势，即自然的正确姿势。

旨在调整身体和呼吸的坐禅姿势、自然的呼吸方法姑且不论，调整内心的方法就是变成与生俱来、获取知识以前、具备社会阅历以前的洁净的、纯粹的内心。也就是说，像婴儿那样什么也不去想。

古人说：“什么也不去想是佛的一门功课。”道元禅师说：“思量此非思量底。”换言之，即“坐禅就是调整内心”，是一种什么也不去想的功课。

那么，怎样才可以做到“什么也不去想”呢？

人就是这样，你越让他什么也不去想，他就越是左思右想。如果对身体和呼吸进行调整，内心就会越发混乱，脑子中总会涌出这样那样的事情。为了对这种思绪万千的内心进行调整，慢慢地什么也不去想，有人提出了一种方法，即平心静气地从1数到10，在数的过程中不要出错。这种方法被称为“数息观”。如果照此做下去，就会自然而然地什么也不去想了。这样的话，内心就可以得到调整。

人的内心得到调整以后，如果按照临济禅的说法，称为“参禅课程”，就会产生一个问题。让精神全部集中到那一个问题上面之后，其他的事情就会统统忘记掉。人就会什么也不去想。赵州和尚称之为“无”。他将这个“无”拈提走了。人们在“无、无、无”地参禅过程中，就会逐渐忘却周围的一切，甚至连自己的身体也会忘掉。将一切都忘掉之后，就成了“无”。

如果继续重复这种单纯的“无”，那么，就连这个“无”也会慢慢地消失。这就变成了绝对的“无”，真正地变成了“空”，真正地变成了“零”，变成了刚刚出生的婴儿。这时，人就会领悟到“确实如此”“原来在此”“人性的本质原来在此”“人性的原点原来如此”。人明白“清澈如镜的纯粹的内心原来如此”的时候就会到来。

但是，如果只是明白这些道理，还谈不上是“悟”。那种空无一物的“无”的内心在接触到外面世界的某些东西之后的瞬间就会忽然爆发。

释迦牟尼佛看到拂晓时刻明亮的星星之后悟道了，但是，所谓的“悟”就是忽然之间从“无”中生出“有”，并看到了“有”。释迦牟尼佛是悟出了自己与星星已经合二为一，没有界线，说出“有了，有了！正在闪闪发光！这不是‘无’。星星在闪闪发光，我也在闪闪发光！”这里有高山，河里的水在流动，小鸟在歌唱。这样的自然，这样的世界都是我本人。我与世界并无差别，这个世界属于我。释迦牟尼佛终于大彻大悟了。“如今三界皆有我，其中众生皆我子。”也就是说，释迦牟尼佛产生了深深的感激之情，领悟到“生活在这个世界中的每一个人都是我的兄弟姐妹，都是我的孩子，其他什么都没有”。

为了将从绝对“无”到达“有”之后的这种感激变为自己的东西，首先要对身体呼吸和内心进行调整。这就是坐禅，是人生中最为重要的事情。

真实的自我是什么？绝对的真理又在何方？

如今，欧美的年轻人认真地求索的正是上述的命题。我想，日本的各位青年朋友也可以在早上起床后、晚上休息前坐禅，哪怕是5分钟也好。假使如此，你的人生观必然发生变化。你将不再迷茫、没有烦恼、发现纯粹的人性。

到时你就会发现，“真实的自我是什么”“绝对的真理又在何方”这些问题的答案其实就在你的心中。

坐禅不是为了别人、不是为了学校，也不是为了社会，而是为了自己。希望你能更加认真地去坐禅。

[坐禅之建议]

调整身体、呼吸及内心

在开始适应之前，你可能会产生厌倦情绪，也许还会感到辛苦。但是，你可以尝试着每天安静地坐一次，哪怕只有5分钟也好。一定要使自己的心情清澈透明。也可以将其他的课程一起忘掉。建议你养成坐禅的习惯，终生坚持不懈。这样，必将身体健康、神清气爽。我根据自己的体会认为，坐禅确实是一件好事。

前不久，《坐禅人生》一书由东京柏树社出版。这是秋月龙珉先生听了曾经居住在东京的奥多摩的加藤耕山师父的故事后编纂的一本书。加藤耕山师父在1972年去世，享年96岁。秋月龙珉先生在这本书中详细讲述了耕山师父从青年时代就开始坐禅修行的经历。作为结论，书中这样写道："坐禅是最高境界的健康方法。如果坐禅，就会像我一样，即使到了96岁身体还是如此健康。如果可以的话，我希望坐禅就像广播体操一样在全体国民中得到普及。我建议从小学就开始教学生坐禅。坐禅是人类形成的基本。”此书就是以这么确信的语气做出的结论。

坐禅确实有益于健康。对此我也有亲身体会。但是，佛教的目的并不是坐禅，坐禅也不是为了身体健康。“直指人心，见性成佛”，见性、开悟，换而言之，打开心眼是一件极为重要的事情。

禅被视为“不立文字教外别传”，不写成文字，不用语言阐释，这就是禅的精髓所在。但是，坐禅是可以写成文字的。《坐禅仪》一书中就原原本本地对此进行了介绍。道元禅师在《普劝坐禅仪》一书中就对坐禅做了详细的介绍。换而言之，坐禅并非不立文字，它既不是禅的精髓也不是佛教的目的。但是，为了见性、为了开悟，坐禅无论怎么说都是必要的、作为其基本必须首先要做的事情。

那么，坐禅要如何做呢？下面就介绍一下坐禅的姿势。

首先，双腿交叉，接下来，将右脚搭在左侧大腿上面，左脚搭在右侧大腿上面，行程交叉。这是坐禅正式的盘腿方法，称作“结跏趺坐”。另外，只将左腿搭在右边大腿上的盘腿动作称作“半跏趺坐”。在还未习惯期间，结跏的动作相当难做，而且感觉不舒服。所以，刚开始的时候可以采用半跏的姿势。这样盘腿打坐之后，即使稍稍顶一下或按压一下也比较牢固，不会晃动。这是身体最为稳定的一种姿势。

腿部的姿势摆好后，则将腰放置在其上面。所谓“腰”，望文生义，是肉体的关键部位。扇轴虽然只是一个小点、一根钉子，但是，如果扇轴脱位，扇子就不能发挥其应有的作用。人的身体也是同样的道理。尝试着将身体向前后左右各个方向移动，不能移动的一点就是被称作“腰”的关键部位。如果将这个“腰”拔掉以后就麻烦了。不管干什么，人们经常听到“挺起腰杆”，可见腰是相当重要的。

因此，当盘好腿之后，就要挺起腰杆坐稳当。然后，用力将小腹向前突出。在尚未习惯期间可以不向小腹部用力，力量被用到了胃部，这样是不行的。小腹被称为“气海丹田”，所谓“气海”就是空气之海、元气之海的意思。丹田的“丹”就是长生不老之药，因此，所谓“气海丹田”就是元气之本，产生长生不老之药的田地。这就是小腹部。如果用医学的语言来说，由于那里有驱动内脏的自律神经，所以，如果力量一下子积聚在下腹部，则内脏的运行就会活跃起来，所以，对健康是有益的。另外，如果小腹部向前突出，则横隔膜下沉，对心脏有益。因此，坐禅对身体有益。

虽然也有人因为坐禅而患上胃病，但那是因为力量进入了胃部。消除进入胃部的力量，使胸口窝憋下去，再使肚脐以下的部位向前突出，这是非常重要的。这个动作做熟练之后，就会像白隐禅师在《夜船闲话》一书中所说的那样，“犹如小竹条尚未抽打的球那样”，下腹部鼓胀，宛如一个足球。换句话说，腹部如果能够变得像布袋那样，身体就是健康的。

在本节开头介绍的《坐禅人生》一书中，记载了加藤耕山师父突出下腹部做示范的照片。他的腹部的确练成了像木鱼那样的形状。足球一样的大肚子。因此，他的身体是健康的，达到了 96 岁的高寿。

如果腹部照此方法调养好，那么接下来即可将脊椎保持得笔直。人与其他动物的不同之处在于，人是将脊椎拉伸开之后直立行走的。如果脊椎变形了，人就会生病。因此，在西式的健身方法中，会让人做将身体左右活动 100 ～ 200 次的运动，这样做的目的就是为了对脊椎进行矫正。这是一种源于坐禅的运动方式，在《坐禅仪》一书的开头有记载。将脊椎伸直，做到这一点是至关重要的。如果在坐禅的时候能够保持正确的姿势，而走起路来弯腰驼背是不行的。

将腿脚调整好，然后让腰部的力量搭载到腿上，下腹部向前突出，然后挺直脊椎，让颈部的力量搭载在脊椎上面，稍稍收敛颌部，然后将头部的力量置于颈部，保持笔直的姿势。在古代，菜店等商铺中经常挂着用竹节做的钱筒，我的建议是，就像将那个竹筒立起来一样，从头顶丢下一枚铜钱，叮当一声落到臀部的正中央，端端正正地坐好。

如果到了高野山，就会看到很多雄伟的五轮塔。这些就是古代大名的石塔。五轮塔的底部是四边形的石块，四边形的石块上面是圆形的石块，圆形的石块上面是三角形的石块，三角形的石块上面是半圆形的石块，而石塔的顶部是球形的石块。四边形的石块代表大地，圆形的石块代表水，三角形的石块代表火，半圆形的石块代表风，球形的石块代表天空。这种造型所表现的是“大地、水、火、风及天空”，预示着人死后将会还原成原来形成人体的元素——大地、水、火、风及天空。具有这种寓意的五轮塔虽然不是使用水泥固定的，但是，即使发生轻微的地震也不会倒塌。它的重心设置很合理，是垂直的，所以比较稳定。坐禅也像建造五轮塔一样，应当保持正确的坐姿。

如此说来，坐禅的姿势似乎多少让人感觉有一些呆板，比较累人，但是，这是自然的姿势，绝不会让人感到累。

做好身体方面的准备后，接下来就是呼吸的问题。据说，无论是剑道还是柔道，如果呼吸发生了紊乱就必输无疑。

呼吸可以调整身体，调整人内心的紊乱。调整呼吸是一件非常重要的事情。在调整呼吸时，首先，要凭借将空气导入下腹部的意念向下腹部用力，吸入空气。在吸入空气后，屏住呼吸片刻，然后静静地、静静地将空气吐出。无论是在吸气的时候还是在吐气的时候，下腹部一直都要保持用力的状态。这样，就能够极其自然地、长长地、静静地进行呼吸，这就是调整呼吸。

古人曰，“呼吸长，寿命亦长”。神功皇后就是一个长寿之人，据说，她的寿命达到了100多岁。这位皇后的名字就是“息长带日毗卖命”。“息”就是“气息”的意思。气息长的人寿命也长，从神功皇后的名字就可以看出。

对身体和呼吸进行调整之后，就要对内心进行调整了。对内心的调整是最为重要的。虽然有人教别人说："只需要坐着就可以了。"他们似乎认为只要采用坐姿就是坐禅了，但白隐禅师最反对这种说法。所谓禅，并非是身体坐着，而是指内心坐着。身体只不过是一个入口，一种设施而已。

古人对坐禅的定义是："外，心念不起于一切善恶之境界，谓其坐；内，见自我之性情，勿动，谓其禅。"

无论客观世界如何风云变幻，内心都不能乱，不能被外界所左右。无论社会是景气还是低迷，无论贫富，无论幸与不幸，内心全然不为此般境界所动。"坐"的意义正在于此。内心是坐着的。而且，从内部来看，达到了一种"无念无相"的境界，无形、无姿、无色，明镜般清澈的内心、婴儿般纯粹的心，换言之，清楚地悟出了佛性的境界即为禅。坐与禅，所说的均不是身体的外形。我认为，无论说到哪里，坐禅都必须是关于内心的问题。

所谓坐禅就是调整内心，所谓调整内心就是什么也不去想。心如果什么也不去想，连身体的存在都会忘记，连世界的存在也会忘记，一切事物都将变成"无"，就会彻底变成赵州和尚所说的“无”。假使如此，所谓的“无”就是不存在，因此，人就不会生病。“如果坐禅，就不会生病”，加藤耕山师父所言极是。

我在年轻的时候患上了结核病，非常严重，就连医生都放弃对我的治疗了。在过去，一个人年满 20 岁就必须接受征兵体检。于是，我就拖着患病的身体，拄着拐杖从当时的居住地东京赶到了故乡三河的郡政府。当时，我觉得征兵体检就是对身体的每个部位进行仔仔细细的检查，所以，一直提心吊胆的。但是，轮到我的时候，只是测量了体重和身高，然后，负责征兵体检的人就对我说：“你已经没用了，回去吧！”并在一张免除兵役的公文上面盖上了“丁种”的红色印章。甲乙丙丁的“丁”。我清清楚楚地记得，我当时的体重是 9 贯 800 钱，用今天的话说，就是不足 40 公斤。我那时竟已经瘦骨嶙峋到了这般境地。

恰巧在这时，我第一次看到了一本关于禅学方面的书，那就是白隐禅师的《夜船闲话》。这本书里讲，白隐禅师在年轻的时候坐禅修行过度，由于营养失调和睡眠不足而患上了结核病。他跑遍了全国，到处寻医问药，却得到了无可救药的答案。正在这时，他听说京都的白川上游有一位“白幽仙人”。据说白幽仙人已经 300 多岁，可以用内观之法医治百病。

白隐禅师立即赶往白川的上游面见白幽仙人，于是，得到了内观之法的真传。这样，托白幽仙人之福，白隐禅师的病被治愈了。白隐禅师拿自己的脑袋担保说：“如果修行该法，管保医治百病。如果你修行该内观之法不能治病，尽管将老僧的头拿去。”把那本名叫《夜船闲话》的书装入行囊后，我每天都读这本书，几乎到了能背诵出来的程度。于是，我就学着白隐禅师的样子开始练习内观之法。所谓的内观之法就是以坐禅形式来练习的一种健康法。躺下进行腹式呼吸，全神贯注地坐着。怎样才能全神贯注地坐着呢？首先，要以坐禅的姿势笔直地坐着。然后，心中想着你的头上有一块像醍醐一样的东西。

醍醐是用牛奶做成黄油，再将做好的黄油精炼为乳酪，进而对乳酪进行精心制作的一种块状的乳制品。这种像醍醐一样的块状物在吸收头部的热量后慢慢地融化。内观之法就是你心中保持着这样一种意念。

有这样的一种说法：健康的人头寒足热，也就是说，头部的温度比较低，而脚部的温度比较高。而病人则相反，脚部的温度比较低而头部的温度比较高。所以，醍醐吸收了病人头部的热量而慢慢地融化，黄油一样的水珠沿着头部传导，从额头传导到脸颊，然后再慢慢地往下流动。从脸颊到颈部、肩部、胳膊依次流动，包括背部和腹部，最后流到腿部和脚底。

如果你心中反复不停地重复这种意念，那种像黄油融化后形成的物质就一点一点地在你的足部聚集，于是，你的脚部就会感到像泡在洗脚水中一样温暖舒适。这就是内观之法。

在每天拼命地练习这种修行的过程中，我的结核病就慢慢地逐渐痊愈了。那时我 23 岁。在此之前，我甚至挪动一下身子都很费劲，而修行内观之法后，我的身体完全恢复了健康。这全是托醍醐之法、内观之法的福。于是，我产生了从此以后专门坐禅的想法，在 23 岁时就有缘出家了。

由于以大病初愈之身马上进入禅堂显得有些不妥，所以，我走进了临济宗大学，就是现在的花园大学。那时，我虽然还只是学生，但要求还是很严格的，在每个学期我都有一个星期的“大接应”（坐禅会）。毕业后，我终于如愿以偿地进入僧堂，从此以后 50 年以来，我一次也没有去看过医生。有时，在“大接应”之后，我浑身疲惫不堪，但是，在坐禅期间——记不起是从何时开始——身体有病的时候只要稍微吃点药就好了。

我在征兵体检的时候被列为丁类体质，已经成了一个废人，但是，50年来却一直保持着健康的体魄，这全是托坐禅的福。而且，我每天都是粗茶淡饭，饭量比较小。这样，我不需看病，不需吃药，健康快乐地过着每一天。

白隐禅师说："坐禅后得病的，都是那些假冒者。"无论是老僧还是师父，坐禅后得病的，其实都没有真正地坐禅。他们都是假冒者。我自己就可以证明。

白隐禅师是在84岁时去世的。在有"人生五十年"说法的时代，84岁已经算很长寿了。在白隐禅师去世的前三天，一位交往甚密的医生过来玩，两个人还一起下了围棋。当时，白隐禅师停下正在下围棋的手，对这位医生说："你给我把把脉吧。"这位医生朋友拉住白隐禅师的手臂，把了把脉，说："没有任何异常。你的身体可真够好的啊。"据说，听了这话，白隐禅师说了如下的一番话。

"你可真是一个庸医啊。我再过3天就会死掉。难道你把不出人之将死的脉吗？"果然，到了第三天，白隐禅师北枕而卧，身体右侧朝着正面睡着，哼了一声后就咽气了。他生前无任何疾病，看清了自己的寿命，完美地离去了。这就是禅者的姿态。

妙心寺的开山鼻祖关山大师在 81 岁的时候换成外出的装束，向一名叫授翁宗弼的弟子殷切地交代了后事，在开山堂旁边一口名叫“风水泉”的水井旁边永远地踏上了行程。他是站着离去的。

有一种说法叫作“坐脱立亡”，古人都会在坐着死去和站着死去之间做出选择，无论是选择哪一种方法，都会准确地预测到自己的死期，并与弟子们道别，唱完辞世偈后离去。禅必须是这样。否则，就实现不了生死解脱。

妙心寺在大概 10 年前发表过一个“生活信条”。这是为在家的信众编写的，共有三条：

> 每天一次，静静打坐，调整呼吸与内心；
>
> 觉醒于人类之尊严，珍惜自己的生活，同时也珍惜别人的生活；
>
> 感谢活着的自己，知恩图报。

禅，绝不是什么难事。简单地说，就是去实践以上的三条生活信条。换言之，如果对身体、呼吸和内心进行了调整，接下来就是对自己的生活进行调整。调整自己与他人所组成的家庭，调整社会、调整国家、进而调整世界。

所谓禅，一言以蔽之，也许就是“调整”。

孔子曰：“修身齐家治国平天下。”意思就是加强自身的修养、调整好家庭成员之间的关系、治理国家、维护世界和平。我认为，创造没有战争的和平的世界应当是坐禅的终极目的。

白隐禅师在《坐禅和赞》中这样唱到：“静心一禅定，能灭无量罪。免落诸恶趣，净土即不远。”《坐禅和赞》虽然只是一篇短文，但是确实是一个名篇，让人不禁感叹白隐禅师的造诣深厚。“静心一禅定，能灭无量罪”的意思是说，如果能够对自己的内心进行调整，变成像婴儿一样清净无垢的内心，则不仅没有罪过，而且也没有污秽。一个人的内心如果变得清净，一切的罪过都会消失。再者，“免落诸恶趣”一句中所说的“恶趣”虽然指的是地狱、饿鬼、畜生这些人类厌恶的世界，但是，就连这样的世界也会消失，变成“净土即不远”的状态。换而言之，如果对身体、呼吸和内心进行调整，虽然尚不能达到开悟的境界，但净土也已经是只隔着一层窗户纸，唾手可得。

在以上两句之后，白隐禅师接着唱到：“此时复何求，寂灭现前故，处处皆净土，此身即是佛。”坐禅之后就会明白，我和世界皆变成“无”，如果变成彻头彻尾

“无”的内心，那么，就会发现这个世界原本处处都是净土，此身原本跟大家一样都是佛，永远的佛、绝对自由的佛。如果明白了这个道理，可能人与人之间就会双手合十，相互参拜吧。达到这样一种境界就是禅的终极目的。这就是开悟。

但是，并非开悟后就到此为止了。开悟之后的修行是非常重要的。对这种开悟的境界正念相继，换言之，加以继承，这就是坐禅。

在尚未习惯之前，人可能会感到厌倦，可能会感到辛苦。但是，每天只需坐一炷香的功夫即可，你不妨在这段时间内一直静静地坐着。如果能够做得到，你的内心肯定会变得清澈无比。内心变得如此清净是一件快乐的事情，你将会爱上坐禅，欲罢不能。即便你每天只坐禅 5 ～ 10 分钟，你也会养成每天不坐禅就难以入眠的习惯，我认为，这是人生中最为重要的一件事情。

加藤耕山师父说：“我建议日本全国的小学从一年级就开始教学生们坐禅。倘若如此，日本必将成为一个了不起的国家。”诚然，如果能做到这样固然很好，但是，教日本全国的小学生坐禅，恐怕难以做到。因此，花园大学的诸位同学自不待言，我的建议是让现代的青年人都意识到坐禅的意义所在。可以先将其他的学习统统忘掉，养成坐禅的习惯并坚持一生。假使如此，身体必然变得健康起来，精神也会变得格外清爽，就会切实亲身体会到坐禅确实是一件好事。

[世界乃我家]

释迦牟尼佛的悟道

世界乃我家。生活在这个世界中的人自不待言，星星和月亮、花儿和鸟儿，统统都是我的孩子。在这颗感悟的纯粹的心中，生与死已经没有什么区别。

释迦牟尼佛所悟出的这种伟大的、美好的内心并非历经磨难之后才得到的。这样的内心是与生俱来的。我们称之为佛性，人人具足。

对禅宗的祖师的话语进行收集整理的书中，临济宗有《碧岩录》和《无门关》，曹洞宗有《从容录》。其中，在《无门关》中有这样的记载："奚仲造车一百辐，拈却两头，去却轴，明甚么边事？"

据传奚仲是中国发明马车的人。即使到了现在，如果到中国去，仍然可以看到马车，但是，这里所说的是将木

材锯成圆形做成车轮，安装上车轴，然后在车轴上面设置货箱的独轮车。可能这就是车的雏形，从独轮车发展到两轮车，再从两轮车发展到三轮车，最终发展成了今天的四轮车。这种车是今天的汽车、电车、蒸汽机车以及新干线这样的超级特快交通工具的鼻祖。

据称这个名叫奚仲的人一生造出了大约100辆车，他每天都在不停地拆造车辆。他拆掉车轮，取下车轴，将车拆卸得零零散散，不停地思考着。他究竟在思考什么呢？他把车拆卸开以后发现了什么呢？请大家想一想吧。《无门关》中就是这样记载这个问题的。

中国古代的哲学家老子说："数车无车。"轮子、车轴、车把、车身等等，如果就这样一个个地拆解开去分析的话，所剩下的只能是一个个零部件了。所以，老子才说，那里已经没有车了。

我们人的身体也是同样的道理。佛教说，地、水、火以及风这四种元素集合起来形成了人的身体。骨骼、牙齿以及指甲等比较坚硬的部位是地的成分；血液、胃液及唾液在内的身体中的水分占整个体重的80%，这就是水的成分，即宇宙中的水。另外，在人生存期间，身体感到温暖的是火的成分。心脏和胃肠等脏器工作，手足活动是因为有了风的成分，如此等等。人的身体是宇宙的元素临时积聚起来所形成的造型，所拥有的只是一些元素而已。那里是没有称作“我”的东西的。“自我”是人出生以后形成的东西，原本是不存在的。这就是佛教所说的“无我论”。

在释迦牟尼佛的弟子中有一个名叫“舍利弗尊者”的人。他是释迦牟尼佛的一个非常聪明的弟子，被誉为“智慧第一”。在《般若心经》一书中，他是以“舍利子”这个名字出现的。舍利是鹭鸟的一种，是一种非常聪明、眼睛非常漂亮的鸟。据说，因为他的母亲长着一双漂亮的大眼睛，所以就将其取名为“舍利”。“弗”的意思是孩子，因为是被称作“舍利”的母亲的孩子，所以就叫作“舍利弗”，仅翻译成“弗”，也称作“舍利子”。

当这位舍利弗在王舍城的大街上行走的时候，一位修行者从对面走了过来。这位修行者身体笔直，眼睛微微向下看，目不斜视，以安静的步伐行走着。而且，他的脸上看不出任何烦恼和忧愁，和蔼可亲。看到了这位修行者的身姿，舍利弗钦佩不已，不知不觉中走到他的身边开始搭话。

“您到底在修行什么？怎样才能变成像您那样的平和的面容呢？您信仰什么宗教？”

修行者回答道：“我是释迦牟尼的弟子。”

舍利弗问道：“我没有听说过释迦牟尼，他是什么样的人呢？”

修行者这样回答道：“释迦牟尼是迦毗罗卫国的王子，29 岁的时候出家求道，6 年间，历经磨难，终于在去年开悟。我就是释迦牟尼的弟子，我叫阿说示。”

舍利弗追问道：“哦。我听说过迦毗罗卫国的王子出家的事情。他终于开悟了吗？那么，这位释迦牟尼现在能告诉我们什么呢？”

修行者回答道：“释迦牟尼能告诉我们因缘之法。他说：‘诸法皆因缘而生，因缘而灭，世间无我。’这就是释尊的学说。”

所谓“诸法”，也就是世上存在的一切事物，它们都是因缘而生，因缘而灭的。有果必有因，有因必有果。例如，这里有稻谷。如果把它播撒到田地里就会长出秧苗来。但是，秧苗要想长成稻子，就离不开水、太阳的光和热以及肥料。除此之外，还离不开人的力量。只有这样，稻谷才能发芽，最后结出稻穗，再经过加工后变成大米。仅凭稻谷是得不到大米的。

换而言之，一切的事物都是因缘而生的。我们人类也是因父亲和母亲的因缘而孕育的，从母亲的身体中吸收各种各样的营养成分后成长起来的。我们来到这个世界以后，还要呼吸空气、喝水、吃饭、穿衣。即便是一件衣服，也是很多人辛勤劳动的结果。全社会的各种力量加在一起，才能使我们像今天这样生活着。

母亲腹中所孕育的生命是借助于环境中的力量而生存的。其中，“我”是不存在的。存在的只是人类本身。关于这个道理，释迦牟尼告诉我们：“诸法皆因缘而生，因缘而灭，世间无我。”

阿说示这么一说，舍利弗感到非常吃惊。这是因为，之前的宗教都是这样告诉人们的，即世间万物都是由神创造的，都是由神支配的。自不待言，人自身也是由神创造的，人的幸与不幸都是由神的意志所决定的。因此，不管什么宗教都要求人们相信神，尊敬神。

但是，释迦牟尼说，这个世界上并没有神。位于人类之上、具有绝对的权利、统治人类的神是不存在的。世界上的一切事物仅只是因缘而生，因缘而灭而已。人死之后，只是还原成原来的地、水、火、风这四种元素而已。

一休禅师在弥留之际说：“今月今夜，归还所借四大五蕴。”“四大”，即构成人身体大宇宙的四种元素——地、水、火、风；“五蕴”，即色、受、想、行、识。正如《般若心经》所说，色就是有形的事物身体，受和想就是感觉，行就是意志的运行或者说是生命，识就是自我。换言之，肉体和内心合二为一，从而形成了人，所谓死就是将这些归还给原来的大宇宙。所以，一休禅师说了“今月今夜，归还所借四大五蕴”这句话后，便离开了人世。

这样说来，统治世界的神是不存在的。如果说只有四种元素的话，那么，也可以说佛教是真正的唯物论。但是，物质集中起来后就有了自我，使这个有欲望的自我满足的，就是今天所谓的唯物论。可释迦牟尼佛清清楚楚地说道：“由于是由物质集中起来以后形成的，所以这里并没有自我。”这就是佛教的唯物论与今日的唯物论的巨大差别。

战后出生的年轻一代接受的是欧洲式的教育，他们的人生观是“唤醒自我”“尊重自我”“为了自己而活着”“自我追求幸福的生活”，等等。但是，如果人人都主张自我，社会就难以得到健康发展。因此，欧洲的人道主义主张相互尊重对方的自由和权利。但是，日本并非如此。日本人采用了没有自我的生存方式，因此，日本人将自己的自由和权利奉献给他人。一个人如果想要权利，就需要给出自己的权利，舍弃自我。这就是日本的人道主义。欧洲和日本在精神方面的差异也许就在这里。

日本的精神是由佛教培养起来的。佛教的创始人释迦牟尼佛为人生的问题而烦恼，于是就舍弃了家室老小和王子的身份，独自一人成了一名行脚僧，遁入深山之中。他在山中见到了形形色色的修行者，最后遇到的就是阿罗逻迦蓝和郁陀迦罗摩子两位仙人。释迦牟尼佛向这两位仙人询问道：“人生无常，有生必有死，有相逢必有分离。活着是痛苦的，但是，上了年龄也是很辛苦的。人得了病是痛苦的，死是可怕的。喜欢的人很少谋面，厌恶的人却必须终日相伴。想要的东西得不到，这个世界真是充满了痛苦。难道我们来到这个世上就是为了受苦吗？怎样才能从这种痛苦中逃脱呢？到目前为止，我查阅了所有的书籍，却找不到答案。我请教了所有的老师，却都解决不了这些问题。该如何是好呢？”

两位仙人是这样回答释迦牟尼佛的："你之所以会感到痛苦是因为你总是这样左思右想。你最好静静地坐禅，什么也不去想。忘掉自我的存在，忘掉世界的存在，忘掉出生和死亡。忘掉上了年龄，忘掉生病，将一切的一切统统忘掉，静静地坐禅。甚至忘记你什么也不考虑这件事情本身，变成无，变成零。这就是开悟，这就是得救。"

但是，仅仅这些回答并不能使释迦牟尼佛满意。对于释迦牟尼佛来说，"自我是否存在于什么也不去想的地方"是一个大问题。如果自我不存在，那么也就没有痛苦，没有烦恼。如果只是什么也不去想就没有烦恼的话，便会产生"逃避自我是否存在"这个更为重要的问题。但是，对于这个问题，阿罗逻迦蓝和郁陀迦罗摩子两位仙人都不能做出回答。

于是，释迦牟尼佛对自己说："如今，已经没有一个人可以来当我的老师了。既然没有一个人可以告诉我答案，我就只能靠自己去领悟了。"于是，释迦牟尼佛遁入正觉山，修行了6年。按照他最后遇到的那两位仙人所说的那样，静静地一直坐禅。如果什么也不去想就不会有痛苦，确实可以称之为"开悟"的和平的世界。但是，释迦牟尼佛想接着去探究这些问题，即，那里是否存在着自我？所谓的生命指的是什么？所谓活着指的又是什么？

6 年后的 12 月 8 日，当释迦牟尼佛看到拂晓时刻闪亮的明星之后，忽然开悟了。就在坐禅长达 6 年之久，彻底变成了什么也没有的绝对无的状态之后，就在他仰望天上的星星的瞬间，他恍然大悟，那个“无”爆炸了。就在仰望星空的意识与看到的星星融为一体，直接感受到“闪光”之后，释迦牟尼佛开悟了。他兴奋地喊道：“有了！有了！不是无！无不是正在闪闪发光吗？它不是存在的吗？我也在闪闪发光！不是无！”

释迦牟尼佛终于悟出了这样的道理：如果开悟之后，就可以看到那里有星星、有山、有森林、有鲜花、有小鸟，森罗万象，应有尽有，我也存在其中。但是，那个我并非自我，并非迦毗罗卫国的王子悉达多。那是一种没有名字、超越了人类的肉体的纯粹的意识。存在于心中、自我以前、认识到以前、经历过以前的那颗纯粹的心发现了星星。我就是那创造一切的造物主，这个世界中一切皆为我。这时，释迦牟尼佛说道：“如今，三界之中皆有我，三界之中的众生皆是我的孩子。”

这个世界就是我的家，我的纯粹的意识被我的东西捉住了。生活在这个世界中的人自不待言，星星和月亮、山岳和河流、鲜花和鸟儿，统统都是我的孩子，感悟到这些道理的纯粹的心中，已经没有生和死的区别。释迦牟尼佛悟出的这个伟大的、极其了不起的内心世界并非来自 6 年间的苦修苦行。这样的内心世界是与生俱来的。这叫作“佛性”。由于曾经踌躇未决、研精致思，所以一直不知道有这样的佛性存在。但是，通过 6 年的修行，任何事情都不再去想。当一切的迷雾都散尽之后，就会领悟到佛性的存在。对此，释迦牟尼佛是这样说的：“奇哉！奇哉！一切众生，皆具如来智慧德相，但因妄想执着，而不征得。”

佛性是每个人与生俱来的。但是，由于妄想执着的干扰，人往往发现不了这份了不起的本心。释迦牟尼佛就这样悟出了佛性。

如果悟出了佛性，就不会有生老病死的痛苦，就会感到世界原本就是一片净土，自己就会意识到自身就是永远的佛。这是何等了不起的内心，是多么值得人尊敬、多么可贵的事情啊。释迦牟尼佛体会到了欢喜和无限的感激之情。

后来，释迦牟尼佛前往佛陀伽耶，在菩提树下静静地打坐，仔细玩味自己的开悟，这样整整度过了 7 天时间。

“每个人都有这样美丽、尊贵的内心。但是，如果你将这个事实告诉别人，就并不是人人都能明白的了。因为只有我一个人开悟了，所以，我就可以这样一个人进入禅定。”当梵天的诸神听说了释迦牟尼佛的这种想法之后，来到释迦牟尼佛所在的菩提树下，恳请道：“请您返回到社会中去。如果您就这样一直修行下去直到涅槃，人类就永远得不到拯救。为了唤醒人类于迷途，请将您的开悟传授给人类。”梵天说过这话，跪在地上不停地叩首，恳请释迦牟尼佛出山。释迦牟尼佛做好了精神准备，接着又考虑了 7 天。

我该怎样解释，人们才能明白我的想法呢？首先先说服谁呢？释迦牟尼佛思来想去，想起了阿罗逻迦蓝和郁陀迦罗摩子两位仙人。他想，这两位仙人应该能够明白我的想法吧。

因为已经开悟的释迦牟尼佛具备了神通力，他凭借这种神通力向远方望去，得知两位仙人已经离开了人世。如果不能拯救阿罗逻迦蓝和郁陀迦罗摩子，那么就去拯救以前在一起修行的五位比丘。从此以后两个星期内，他不停地走来走去，心中思考这样一个问题：如何向他们解释我所悟出的道呢？释迦牟尼佛在那里徘徊的足迹如今用石块盖了起来，还保存着。

两个星期以后，释迦牟尼佛终于从佛陀伽耶的菩提树下出发，赶往五位比丘正在修行的鹿野苑。

从佛陀伽耶到鹿野苑之间的路程约有400公里，释迦牟尼佛去的时候正赶上印度火日炙人的季节。他是为了拯救五位比丘而去的，拯救他们也就是拯救众生。

“奚仲造车一百辐，拈却两头，去却轴，明甚么边事？”奚仲造车并将车解体后所考虑的问题是什么呢？佛教对这个问题进行了思考。虽然老子也说过“数车无车”，但是，同样的事情如果换一句话说，则可以说成：“取来编结则为草庵，若是解开则复为原野”。

房子是由地基、柱子、天花板、屋顶、砖瓦、窗玻璃及地板等各种部件组成的。如果只存在许许多多的部件，房子的本身是不存在的，是空的，是零。不仅是房子和车，世界上的一切事物都是“无”，这就是佛教的“空”观。这就是“无”的感觉。但是，明白了“空”和“无”并非佛教的目的所在。

阿罗逻迦蓝和郁陀迦罗摩子这两位仙人说：“就连坐禅之后什么也不去想这件事情本身也不去想，变成了无，这就是开悟。”“开悟”果真就像他们所说的那样吗？奚仲难道是发现了车就是“无”这个道理才每天对车进行拆解的吗?

并非如此。奚仲造出车以后就运转一下进行观察，找出不太满意的部位，并且思考对这些部位进行修改的方法。这才是其真正的目的所在，而不是为了明白车就是“零”的道理，佛教也必须是这样。

自我是否存在于“无”之中?释迦牟尼佛对这个问题一直探索了6年，最后悟出，“无”中并无自我。虽然其中无自我，其深处却有纯粹的心，任何人都是有佛性的。这就是佛教。所谓坐禅，就必须是为了醒悟到这种佛性而进行的修行。

沉默不语，静静地打坐，这就是禅。坐禅以后彻底变成“无”，这就是开悟。也可以思考一下能为社会做点什么。虽然也有人告诉人们说“只需打坐就行了”，但是，假使如此，那么奚仲将车拆解开以后充其量也只能发现“无”。如果只是这样的话，对任何一件东西进行拆解后都能够明白。阿罗逻迦蓝和郁陀迦罗摩子不明白自我是否存在，假如不明白就什么也不去想只是坐禅的话，那也不能说是“开悟”。

假使如此，不仅不会对人生产生任何帮助，也不会有益于社会。如果说沉默不言，静静地打坐就是禅的话，那么禅就成了无用之物，也就没有必要那么辛苦地坐禅了。佛教并非如此，这也不是佛教的目的所在。

正如释迦牟尼佛所说，“如今三界皆有我，其中众生皆我子”，将世界当作自己的家一样来爱，将生活在世界上的每一个人当作自己的孩子一样来爱。认识到这种没有歧视的了不起的人类之爱的必须是佛教。如此的深爱才是人性的本质，认识到这个真理的必须是佛教，必须是出于此目的的坐禅。

有句谚语是这样说的，“谁笑到最后谁笑得最好。”有位革命家为了让所有的人都开怀大笑，自己甘做铺路石忍受痛苦。他通过自己承受痛苦而使所有的人开怀大笑，在最后笑着说：“这样就可以了。”唯有能够达到这个境界的人生才是最幸福的。“即使是一小步，也要让世界进步”，如果存在这样纯粹的革命思想，其中也必然蕴含着无限的人道主义。如果没有这样的博爱，又怎么可能成为革命家呢？

正如不可能存在没有爱的革命的道理一样，佛教认为，人性的原点就是无限的爱。正如古人所说：“神者，爱也，佛者，慈悲也。”佛教和禅认识到了这种了不起的爱。神或者佛并非存在于外部，是由地、火、水、风这四种元素构成的，它们存在于每个人的身体之中。这就是释迦牟尼佛对我们的教诲，是人生中最为重要的真理。

[人因何活着]

我所走过的历程

人必须萌生菩提心，必须发誓为人类奉献自己的一生，必须觉悟到具有最为尊严的精神、最高的自由以及最大的慈悲心的人性。这就是人生的目的。

因此，当幼儿园的小朋友们向我提出“人为什么活着”的问题，我就会说：“人活着的目的就是为了成佛。”

最近比较忙，没有看过电视，也没有听过收音机。如果你听到或看到这样的事情，不仅工作干不成，其他的任何事情也都干不成。即便不是如此，自己的时间不够用，忙得不可开交。不管是多么热播的电视剧，也没有闲暇去看。而且，电视剧中的主人公是死是活，都与现实生活无关。所以，我既不看电视，也不听收音机。

不过，最近我因外出有事时不时地乘坐出租车，在出

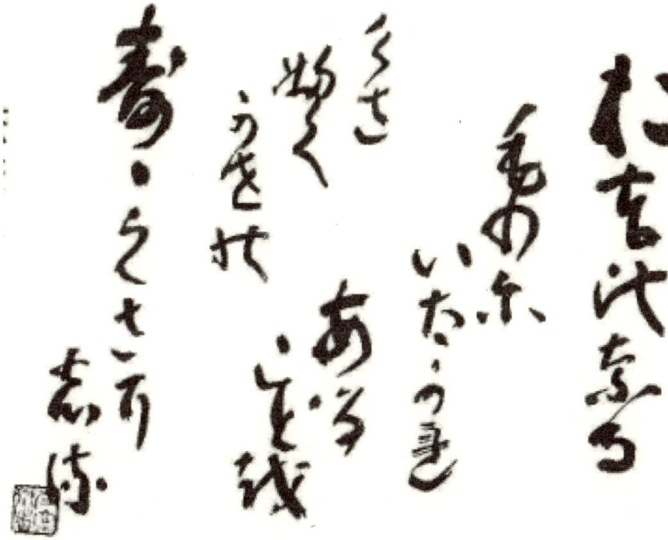

胸怀大志，知晨风之清爽。

租车上可以收听广播。在出租车上听到的广播节目大概都是商业性的无聊至极的东西。即便不想听，也不能让司机把收音机关掉，所以就会时不时地听一听。这么一来，我就碰巧听到了一件有趣的事情。我不知道是哪里的广播电台，也不知道节目的名称，只是听到有个小学生在节目中这样诉说道：“我爸爸妈妈一天到晚地对我讲上大学的重要性。妈妈经常对我说：‘你爸爸和你叔叔都是京都大学毕业的，所以，你也要上京都大学。’但是，我并不想上大学。我已经厌倦读书了。我也厌倦上补习学校。与其上大学读书，还不如早一天成为一名厨师。我想做出好吃的饭菜让大家都来高高兴兴地品尝。所以，我就想停下为应付考试而进行的学习，今后，即使还去上学，我的愿望也只是跟所有的同学成为好朋友。我想快乐地度过每一天，一直到毕业。”听了这名小学生的诉说，什么样的立场不知道，一个人大发议论道：“现在的小孩才 11 岁就对人生感到厌倦了。虽然他的父母一天到晚地对他讲上大学的重要性，但是这并不是为孩子考虑的。这也许是父母的面子问题吧。这样的父母把孩子看成了自己的私有财产，父母的这种观念也许有问题。”

我乘坐出租车时偶然从收音机里听到了这样的话题，感触颇多。虽然只是年仅 11 岁的小学生，却独立地确立了自己的人生目标，所以，就连父母的意见也反对。明确地持有自己的意见，自己决定自己的人生。我想，这是一件很了不起的事情。

昨天，一位母亲带着自己一个上小学一年级的孩子和一个正在上幼儿园的孩子来到了我这里。她说了很多，其中一个意思是，她的上幼儿园的孩子有问题想问我。我就问那个小孩有什么问题。孩子问我："人是为什么活着的？"孩子的话刚一出口，这位当母亲的就慌忙辩解道："这孩子向谁都问这样的问题。"看着这个孩子一脸困惑的样子，他提出的问题似乎也不像是他母亲教他的。虽然也不是大人教他的，但是，一个五六岁的孩子居然能够提出这样重大的问题。我感慨不已，现在的孩子真是了不起。

我想讲一下我自己的事情。虽然听起来可能有些愚蠢可笑，但是我还是想带着忏悔之心讲一下。

我出生在三河的深山区，就是古代的美浓、信浓和三河这三个国家的边境所在的三国边境交会之处。我 14 岁时离开了故乡，跟着哥哥到了东京。出发前，父亲让我们兄弟两个去参拜一下守护神。所以，在天还没亮的时候，我和哥哥一起去了守护神所在的林子，在守护神的面前双手合十，发誓一定要干出一番大事业。参拜完后，我和哥哥走了 6 里路到了一个名叫"足助"的镇上。自不待言，当时我们穿的是草鞋。我们在足助终于坐上了马车，一直坐到了东海道冈崎的火车站，又从那里坐火车到了东京。这是我有生以来第一次坐火车。

"男儿立志出乡关，誓不成功决不还。埋骨何须桑梓地，人生处处有青山。"这首诗在当时广为传颂，我当时也是抱着雄心壮志离开了故乡，进入东京的初中读书。在初中四年级读《论语》的时候，读到了这样的一句话，心灵深受震撼。这就是孔子所说的“听讼，吾犹人也。必也使无讼乎？”这句话的意思是：审理案件，听人前来诉讼，虽然我也可以判断出谁对谁错，但是，我最想做的事情就是使世间没有讼事。孔子的意思是他想要创造一个没有纷争的世界。

实际上，我的父亲是想让我成为一名法官。他不停地在我耳边唠叨“当法官，学法律”这句话。我自己本身也有些想学法律，但是，孔子的这句话对我产生了强烈的冲击。虽然当一名法官可以明辨是非善恶，但是，正如孔子所说，必须确立创造没有纷争的世界的目标。对于自己来说，成为一名医生不得不做的事情或许是为人治病。但是，作为一名医生必须以建设没有病人的世界为自己的最终目标。又如，作为一名军人，战无不胜者对于自己来说也是无所不能的。但是，一名军人必须以创造一个没有战争的和平的世界为自己的最终目标。

如果按照这种思路推论下去的话，成为一名法学专家、医生都仅仅是一种手段而已，成为一名军人也只不过是一种万不得已的手段而已。我悟出了这个道理以后，并不想以人生为手段走向终点，在考虑了“人生的目的究竟是什么”这个问题之后，我开始了我的研习。

正是在这期间，当我走到神田的大街小巷之后，就会发现，每天晚上指不定在什么地方就会有一个什么人在搞演说或讲座。这就是那个时代的特点。当你刚一想到是不是有救世军在演说，转眼就会看到佛教救世军在敲鼓，他们的核心人物在振振有词地进行说教。

人生是什么？人生的真正目的是什么？在开始对这些问题进行认真的思考之后，我便来到这里探寻答案，认真地倾听各种各样的人的说教。

星期日，我还去了教会，认真倾听了海老名弹正牧师的演讲。我还在角筈的教会聆听了内村鉴三先生的高论，并领教了加藤咄堂先生的见解。另外，在上野公园，有一个名叫宫崎虎之助的人经常在路旁发表演说，我也去听了几次。这个人留着长发，简直是一个预言家的打扮。我去的最多的还是本乡的求道会馆。当时，一位名叫近角常观的先生在进行着净土真宗的说教。

总之，那时，我聆听各路高人的观点，认真阅读《法华经》和《圣经》，就这样度过我的每一天。对于学校的课程，我几乎没有去管过。

时间就这样一天天地过去了，转眼就到了初中毕业的时候，同学们都升入了高中，而我却没有心情去参加考试。结果，我过了长达两年的浪人生活，脑子里一直在思考这些问题：人生的目的是什么？人是为什么来到这个世上的？非手段的真正的目的是什么？

盘珪禅师在 11 岁的时候被孔子的“大学之道，在明明德”这句话所打动，并为此献出了毕生的精力。我父亲希望我能够成为一名法官，我也是谨遵父命求学读书，同样是孔子所说的话，我不禁为“听讼，吾犹人也，必也使无讼乎！”这句话所打动。

所有的人都不因财物而产生纷争，国与国之间也没有纠纷，没有诉讼，没有任何纷争，这样的世界何处有？怎样才能建设这种世界呢？我思考着这些问题，坚持不懈地进行探索，在精神方面过着流浪的生活。

也正是在那个时候，我遇到了一位名叫河口慧海的了不起的先生。受一位同学极力相邀，我经常跟着这位同学到这位先生授课的地方去，这就是我与河口慧海先生最初的机缘。河口慧海先生是按照自己从藏语翻译过来的一本经书进行授课的。这本经书的名字叫作《入菩萨行论》。在经文中，与我所探索的问题高度一致的就是“发现菩提之心”这句话。

河口先生说：“如果用一层皮革将地球的表面包起来，那么，光着脚就可以在任何地方行走。但是，这样的事情在现实生活中是不可能实现的。与其如此，倒不如在自己的脚上穿上一双皮鞋，这样即可达到与用一层皮革将地球的表面包起来相同的效果。这样做，不就可以想去哪里就去哪里了吗？

同样的道理，创造没有战争的世界也近乎不可能。但是，如果在自己的内心唤醒了菩提心，那么，世界就会变成没有战争的和平的世界，这与没有病人的健康的世界是同样的道理。

至少做到自己不与别人发生争执。如果发誓不与别人竞争，将自己的一生奉献给全人类，就等同于实现了和平的世界，健康的世界。如果全人类都能够唤醒这样的菩提心，那么，这个世界就会变成极乐天堂，变成一片净土。

因为人类具有各种各样的烦恼，所以，并非唤醒菩提心之后马上即可尽如人意。但是，也可以不马上付诸行动，首先唤醒菩提心。

河口先生就这样讲读经文，不厌其烦地讲“唤醒菩提心”。闻听先生此言，我恍然大悟。虽然我迄今为止诵读了各种经书，聆听了很多贤人的观点，但是，始终不得其解的一个问题终于有答案。自己一直以来在探索的世界仅此而已。

用一层皮革将地球的表面包起来等想法确实是不可能实现的。但是，自己在脚上穿上一双皮鞋却是人人都能做到的。换言之，如果能够唤醒菩提心，就等于已经实现了世界和平。这就是人生的目的所在。应该可以得出这样的结论。于是，我高高兴兴地成为河口先生的一名弟子，皈依到了先生的门下。但是，先生可能有些顾虑，就给我远在故乡的父母写了一封信。信的内容可能是："令子已经如此这般来到了我这里，不知二老知晓与否。"我的父亲收到信后大吃一惊，让我马上回家。我无奈地返回了故乡。

母亲边哭边责怪我："这究竟是怎么回事？无缘无故地就去当了和尚，多丢人啊！你一心一意要去当和尚，不觉得自己是做了坏事吗？"父亲追问我这样做的原因后，极力反对。但是，不管父母怎么说，我的心意已决。

有一天，父亲带着我去了名古屋。在大津町有一位名叫"渡边一牛"的有名的看相先生，父亲带我来这里就是为了请他占卜一下我的未来。这位看相先生用天眼镜（注：看相用的大型凸镜）看了看我的面部，说了这样一番话："您的孩子不是普通的家庭可以容得下的孩子。即使将来结了婚，如果太太在一楼的话，他就会上二楼去；如果太太到二楼的话，他自己就会从二楼走下来，难以和睦。最好去当一个神道牧师、和尚或者算卦先生。在一般的社会，您的孩子是难以出人头地的。"可能就是因为这位姓渡边的算卦先生的这番话，父亲不再反对我的选择了。我再次返回了东京，回到了河口先生处，父亲也就这样默许了。

从此以后大约两年时间，我一直作为河口先生的弟子修行，直至有一天因结核病倒下。要说得病的原因，可能是因为戒律太严，白天过去以后，直到第二天什么东西也不能吃。先生长年坚持形成了进食习惯，所以没有什么问题，但是，我们这些弟子不习惯这样的饮食方式。一天只吃一顿饭，年轻人的身体是受不了的。

有一次，一位朋友对我说出了这样的话："在这种地方待下去会生病的。我决定离开这里了，你准备怎么办？"他就是目前在姬路的黄檗宗的岩田卓峰君。我回答道："我是自愿到这里来的，现在怎么能离开呢？"从此开始两年以后，由于每天都在苦熬，所以最终患上了结核病。人一旦病倒，就什么也干不成了。我随后离开了河口先生处，回到老家。

回到老家以后，我也到名古屋找医生看了，爱知医院、厚生馆这些地方都去看了。也去了一个名叫“松涛”的结核病专科医院，但是，所有的医生都说没有办法治疗了。这时，哥哥也患上了结核病，我们一起去看病。可能是哥哥的病情比较轻的缘故吧，只有他能够住院接受治疗，医生觉得我没有希望了。于是，我回到老家养病。

当时有征兵体检制度，男子年满 20 岁都必须接受检查。我也拄着拐杖赶到了郡政府。我之前听说征兵体检是相当严格的，但是，轮到我的时候事情变得很简单。医生只是测量了我的体重和身高，然后，负责征兵体检的人就对我说：“你已经没用了，回去吧！”并在一张免除兵役的公文上面盖上了“丁种”的红色印章。我拿着这纸公文就回家了。我永远忘不了，当时的体重是 9 贯 800 钱，用今天的话说，就是不足 40 公斤，非常轻。

就这样，医生放弃了对我的治疗，征兵体检中也宣告我的身体状况为不合格，我就整天在家睡觉。母亲为了陪护哥哥几乎每天去医院，父亲也很少往我睡觉的房间里面看一眼。我的朋友们也没有一个人来看我。在那个时代，只要说谁家有人患上了结核病，不管大人还是小孩，连走路都会绕过这家门前。人们对这种病已经害怕到了这种地步。连有一个过来跟我说说话的人也没有。我已经被世界所抛弃，大家都在等着我死。看起来我只有死路一条了，总之，就在这种孤独感中，我昏睡了两年。

我第一次知道自己并不孤独，不是孤零零的一个人是在一个凉爽的初夏季节。那一天，我爬到床边坐了一会儿。我往屋外望去，看到在院子的一个角落里开着花，凉风习习，送来阵阵清香。我已经有几个月没有享受过这种令人神清气爽的风了。我心情格外的好，突然想到了这样的一个问题，“风是什么？空气的运行就形成了风。”我刚一想起在学校时学到的这条知识，就第一次注意到了空气这种物质的存在。

自从呱呱落地来到这个世界开始到现在，我已经度过了20年的时光，空气也时刻不停地养育了我20年。即使在我卧病期间，从早到晚，正是有了空气，我才得以活了下来。虽然得到了如此大的关爱，但我以前却从未意识到，人是多么糊涂啊。

以上就是我的感悟，那时，我所感到的可以说是神，也可以说是佛的一种巨大的存在。虽然眼睛看不到，但是，它那股巨大的力量一直在鼓励我治好病，活下来。

“啊！我并非一个人！我不孤独！一种伟大的力量与我

片刻不离，始终在守护着我！”我刚一想到这里，就满眼热泪，一个劲地哭个不停。我抑制不住自己的感动，写下了以下这首拙劣的和歌：“胸怀大志，知晨风之清爽”。

每个人都不是一个人活在这个世界上的。托大自然的福，托周围的每一个人的福，我们生存下来，并受到了养育。何况，空气和阳光都是唯一的。我感到了空气和阳光的弥足珍贵，心情就开朗起来了，身体也一天天地好了起来，到了最后终于可以站起来行走了。就这样，我的身体康复了。

然后，我接受了父亲的建议，从那年夏天开始在金泽的山中温泉静养。刚好那一带有三所真宗的寺院，每天早上、白天和晚上讲经三次，全年不休息。我是在养病，无事可做，所以就每天去听讲经。在那里，我聆听了净土真宗的教义，也学习了跟别人说话的诀窍。

我有缘得到白隐禅师的《夜船闲话》这本书也是在这期间。我熟读此书，几乎达到了能够背诵的程度，拼命地修行内观之法。托该法的福，曾经被诊断为无可救药的结核病终于痊愈了。

其后，我成了临济宗的一所名叫“金地院”的寺院的弟子，在当时的临济宗大学，也就是今天的花园大学学习。

事实上，虽然我很想进入僧堂，但是，我却被告知难以办到，因为，当时有这样的规定：首先要进入大学学习，毕业以后才能进入天龙寺的僧堂。

河口慧海先生曾经告诉我说："唤醒菩提心，这是人生最大的意义和最大的目的。"但是，我坐禅之后才得以彻底清楚，原来，世界与自我并非毫不相干，自我与人类并非毫不相干，世界本身就是自我，人类本身就是自我。在我悟出了这些真理之后，就像河口先生所说的那样唤醒了菩提心，切切实实地感到，发誓将自己的一生奉献给人类的做法是正确的。

古人云："初发心时便成正觉。"唤醒菩提心与开悟是同义词。有一种说法，首次唤醒菩提心之后，悟性肯定会出现。此言不假。将自己的一生奉献给全人类，从中可以感到人生的意义。这样的菩提心本身就是开悟。

坐禅并达到了开悟的境界之后，就会切身地体会到的确如此。

如果读一下白隐禅师的传记，就可以看到，令人"毛骨悚然"的表述有两处，第一处是，年幼的时候到寺院中去，听人讲述了地狱中的恐怖之后。第二处是，在27岁时，到全国各地行脚，投宿到位于远州的新居一所名为

“龙谷寺”的寺院之后，看到了无住国师的一本名为《沙石集》的书，读到了一段话：过去一位名叫“解脱上人”的和尚在奈良的春日明神的神社中闭门不出进行祈祷，听到春日明神这样的劝告，“无论是怎样的名僧知识，无论进行了怎样的修行，无论学问是深是浅，无菩提心者乃是恶魔。”书中写道：白云禅师读到此处之后全身散发寒气。

人必须唤醒自己的菩提之心，必须发誓为了全人类奉献自己的一生。而且，必须唤起具备最具尊严的精神、最高的自由以及最大的慈悲之心的人性。必须以此作为人生的目的。

从我自身的体验也可以对此作出明确的断言。因此，当那个幼儿园的孩子问我“人为什么活着”时，我是这样回答的：“人是为了成佛而活着的。”

[菩萨之路]

大乘佛教与小乘佛教

大乘佛教是在家佛教。所以，诸位菩萨都像古代印度人一样留着长发、佩戴耳环和项链，不出家。在家探求具足尊严的人性与佛性，就是菩萨；身在家而为全人类服务，将一生都奉献给社会，就是菩萨。

佛教有两个流派，分别是大乘佛教和小乘佛教。大乘的意思是体积比较大的交通工具，小乘的意思是体积比较小的交通工具。体积比较小的交通工具，仅能用来拯救自己一个人；而体积比较大的交通工具，则是在拯救众生的同时拯救自己。举例来讲，小乘佛教就是自行车一类的交通工具，如果做某些改造的话，则货架上面也可以载人，但是，那只不过是特例而已，自己一个人坐上去，赶往目的地的就是自行车。大乘佛教就像电力或蒸汽动力的列车，

抑或是轮船，可以使很多人搭载并奔向理想的世界。这就是大乘佛教与小乘佛教的最大区别。

今天，小乘佛教在南亚的斯里兰卡、泰国、缅甸以及柬埔寨等国传播。而从中国传播到日本的是大乘佛教。但是，如果我们说南亚诸国的佛教是小乘，则泰国和缅甸等国的人就会反驳说：岂有此理！我们信奉的佛教并非你所说的小乘那样的小型教派。

实际上，我们称之为小乘的佛教是 Theravada 佛教，译作“上座部佛教”。所谓上座部，就是像释迦牟尼佛那样进行修行的直系弟子大德，吸收了该流派的佛教叫作“上座部佛教”。所以，南亚诸国的人会自豪地说：“我们所信奉的佛教是释迦牟尼佛所传授的佛教。”但是，Theravada 佛教不同于大乘佛教，它是以戒律为主体的，释迦牟尼佛所做的、所说的严格的戒律至今仍然得到了遵守。

出家称为“三衣一钵”，包括平常用、外出用以及仪式用这三套袈裟以及用于托钵的一个铁钵。这三套袈裟，也只不过是将人们舍弃的小布片集中起来加以缝制、并用黄色的染料染成了黄色的粗糙的衣物。这是因为僧侣们遵守了不得拥有财产的戒律。而且，在每天一般人都吃完早饭的时候挨家挨户托钵环游，讨要人们吃剩下的饭菜，然后将这些饭菜带回寺院，分给没有出去托钵的小僧和在寺院里面干活的人之后，大家一起用斋。由于不从事劳动，所以不得与一般人同样吃穿，只能穿别人舍弃的东西，吃人们吃剩下的食物，并且进行修行，这就是出家。南亚诸国的信众至今仍然严格遵守着这样的戒律。

在一般人看来，如果将剩下的东西送给遵守戒律，并认真修行的和尚是失礼的。现在，听说有的和尚在黎明时分就托钵出去，带回的是人们还没有吃过的东西，但是，不管是哪一家，走到门口布施的大部分都是妇女。按照戒律的规定，不能看妇女的面部，也不得与妇女搭话，自不待言，更不能接触到妇女的身体，只能沉默不言，接受布施，这就是托钵。

出家还不能杀生，绝对不能杀死有生命的东西，即使蚊子停留在你的手臂和腿上吸血，你也绝对不能将它们拍死。出家不劳动是因为，如果干农活，则铁锹的尖部可能会杀死蚯蚓，而且，还必须消灭糟蹋农作物的害虫。如果劳动，在无意识之中就会杀生。所以，出家人甚至连院子也不去打扫。因为，如果打扫的话，扫帚可能会杀死蚂蚁。

由于不能拥有财产，所以，不得行窃就自不必说了。

也不能说谎。由于不得接触到妇女的身体，所以，不能娶妻，保持独身，像释迦牟尼佛那样，无论走到哪里，都要固守戒律，认真修行。这就是小乘佛教的基本情况。所以，南亚诸国的出家至今受到所有人的尊敬，就像尊敬释迦牟尼佛一样。

1983 年春天，我到访了缅甸，缅甸佛教协会会长吴强同是一个很了不起的人，官至法务部长。在吴强同会长陪同我去拜会吴特特拉大僧正的时候发生了一件事。会长头部着地，深深地行礼拜之礼，但是大僧正连头也不点一下。当我们看着他的时候，他拿出一副盛气凌人的样子。出家是有权威的，需要得到尊敬，这就是小乘佛教。

但大乘佛教就不是这样。释迦牟尼佛的教诲并非狭隘到了只拯救自己的地步。无论出家还是在家，就连妇女也要拯救，这就是释迦牟尼佛的教诲。这种大乘思想是在释迦牟尼佛圆寂四五百年以后形成的。那时，人们根据释迦牟尼佛的思想编纂出了《华严经》《法华经》以及《维摩经》这三部大乘经典。

但是，在印度诞生的佛教，在印度编纂的那些大乘经典在以印度为代表的南亚诸国得到了推广，小乘佛教，即上座部佛教时至今日仍然占据主流。

大乘经典在传播到中国之后逐渐得到了认可。在当时的中国，儒教和道教早已形成了完整的思想体系，所以，小乘佛教并不能满足中国社会的需要。而大乘佛教是一种非常容易理解的宗教。因此，在中国就产生了“无明实性即佛性，幻化空身即法身”的思想。所谓无明，就是烦恼和人的欲望。如果有欲望就得不到拯救。因此，小乘佛教主张努力切断一切欲望。但是，仅仅如此还不能达到真正的开悟。小乘佛教并非将戒律本身作为主体，只有释迦牟尼佛悟出的佛心才是最为重要的。如果开悟，戒律等就会自然而然地具备了。如果明白了佛心，那么即便是有欲望也无大碍。与其觉悟到具有欲望的主体的实相，倒不如不去理会烦恼本身。一味地对无明的实相和烦恼的实体苦思冥想，是因为明白了佛性，也就是明白了“烦恼即菩提”。

性欲也一样。这是人类繁衍生息的本能。任何欲望都是切不断的。但是，不能听任这种欲望的摆布，也不能成为这种欲望的俘虏，必须领悟到欲望本身即是佛心。

大乘佛教就这样在中国被理解，而且在思想方面得到不断深化，甚至还被传播到了日本，并在日本得到了推广，直至今日。

如果来到奈良的法隆寺，就会看到在宝物馆中收藏着祭祀推古天皇佛像的佛龛。由于外边刷了一层油漆，佛龛的顶部填充了吉丁虫，所以被冠以“吉丁虫佛龛”之名。我推测，一是为了装饰，二是为了供养，所以才将已经死掉的吉丁虫填充到了佛龛里面。在这个佛龛刚刚做好时，吉丁虫的羽毛一定闪烁着蓝光，非常漂亮。

这个佛龛的底座大约有 1 米左右，底座上面有两幅画，名称分别是“雪山求法图”和“舍身饲虎图”。这两幅画是用一种类似于油画的技法绘制出来的，被称为“密陀绘”，是从波斯一带传来的。“雪山求法图”所讲述的是一位居住在大概是喜马拉雅山山麓地区的被称为“雪山童子”的修行僧的故事。

一说到“童子”，人们通常会认为他们会是年龄比较小的孩子，但是，求道修行的人即使到了 50 岁或 60 岁仍然被称作童子。其原因在于以孩子般纯粹的心求道，但是，正当这位雪山童子正在苦修苦行的时候，出来了一个名叫“罗刹”的鬼。这个鬼喝人的血、吃人的肉，非常可怕。他还大声唱道：“诸行无常，是生灭法。”世界是无常的，每时每刻都在发生着变化，这是一个变化的世界。有生必有死，有相聚也有分离。有形的事物必然会坏掉，根本不存在一成不变的事物、永远不灭的事物。罗刹所咏唱的就是这个道理。雪山童子听了罗刹所咏唱的诗偈，就向罗刹搭话道："刚才是你在唱那个诗偈吗？"罗刹回答："是的。"雪山童子对罗刹说道："实际上，我也考虑到了你所说的。但是，对后面的诗偈无论如何也没有弄明白。我正在这个无常的世界中探求永远的东西，现在就在苦修苦行。我觉得你咏唱的是古代的佛的诗偈，但是诗偈是由四句组成的。我只听了你咏唱的前两句，有后面两句吗？我所探求的结论肯定与这两句一致。请你一定要告诉我后两句是什么。"听了雪山童子的话，罗刹说："我虽然想告诉你，但我现在肚子很饿，如果你拿人的鲜血和肉块供我吃喝，我就告诉你。"听罢此言，雪山童子高兴地说："可以。如果我弄明白了真理，就不需要生命了。所以，如果你告诉我后两句是什么，我就将我的整个身体给你。请你先忍耐一会儿，先告诉我后面的两句是什么。"于是，罗刹就接着前面的两句咏唱道："生灭灭已，寂灭为乐。"这两句的意思是，不能将生与死分开谈论。如果能够忘记自己身体的存在、忘记世界的存在，抛弃自我意识，将自己的凡心变为纯粹的心，那么，在心中就不会有生和死的区别了。自己的心变为像清澈的湖水那样平静的心，心中才会拥有永远的事物。

只有这样的心觉醒之后，才能明白人生的意义，才能品味到人生的快乐。

“啊！是吗？截至目前，我一直在外面的世界中探求永远，在物质的世界中不断地探求不灭的事物。但是，我的做法是错误的。客观世界中永远不会有不变的事物。永远的事物存在于人的内心。唯有什么也不去想的纯粹的心才是永远的，这才是真理。”雪山童子这时终于开悟了。

虽然自己开悟了，但却必须如约将自己的身体交给罗刹。雪山童子对罗刹请求道：“在我舍弃自己的生命之前，我想将这个真理传给后人，想让今后修行的人早一天开悟。”说完，雪山童子咬破自己的手指，用流出的鲜血将从罗刹那里学到的诗偈写在一段木头上面。在为后人做了这件事情之后，雪山童子就没有什么好留恋的了，于是，他将自己的身体送给了罗刹。

就在这一瞬间，罗刹的身影啪的一声消失了，变成了帝释天，对雪山童子大加赞叹，然后升天而去。是不是可以这样说：帝释天看到了立志修行的雪山童子，于是想测试一下他追求真理的意志是否坚强。当帝释天看到雪山童子愿意以自己的生命换取真理之后，就将佛法的真理授予了他。这个传说所要讲的是为求道而不惜牺牲自己的生命的道理，“雪山求法图”所描述的正是这个传说。

诸行无常，是生灭法。

生灭灭已，寂灭为乐。

将这首晦涩难懂的诗偈用通俗易懂的语言翻译成日本和歌的就是弘法大师。这首和歌就是在日本尽人皆知的《伊吕波歌》：

花虽芬芳终需落

人生无常岂奈何

俗世凡尘今朝脱

不恋醉梦免蹉跎

这首和歌的大致意思是：有形的事物都是变化的，说不定在什么时候就会消失了。世界上并不存在永远的事物。换而言之，从迷失中觉悟，就不会迷茫，不会烦恼。这种没有妄想执着的纯净的内心就是佛性，只有佛性是永远的。追求佛性、追求开悟可以称为“上求菩提”。这就是雪山童子以实际行动所表现出来的求道精神。

另外一幅“舍身饲虎图”讲述的是古代三位菩萨为了修行而周游列国时的故事。在一个村子的竹林中，一只老虎因饥饿而倒在了地上。而且，这只老虎的旁边还有7只虎仔，它们抱着一滴乳汁也挤不出的乳房不放开。两位菩萨没有注意到可怜的老虎母子，从它们身边走过去，但是，只有第三位菩萨注意到了。他想，这样下去岂能了得！如果不管它们，这只老虎和7只虎仔必将全部饿死。可是，他找了个遍也没有找到一点可以让老虎吃的东西。尽管如此，也不能放弃这可怜的8只老虎离去。这位菩萨考虑到最后，从从容容地将身上的衣服全部脱下，然后将自己的身体弄伤。他慢慢地靠近母虎，身体流着血，静静地躺了下来。

没过多久，垂死的母虎注意到了身边发生的事情，就开始舔舐菩萨的血。到了最后，母虎将菩萨的整个身体全部吃完，完全恢复了元气，也开始有了乳汁，7只虎仔这才没有饿死，活了过来。据经书记载，这位菩萨献出自己的生命帮助了老虎，他就是前生修行时的释迦牟尼佛。

像这样发誓将自己的身体和生命全部奉献给全人类和整个社会的行为就叫作“下化众生”。“舍身饲虎图”所表现的就是这种高风亮节。

如果将吉丁虫佛龛的底座上面的“雪山求法图”和“舍身饲虎图”所表现的意义合二为一，就是“上求菩提，下化众生”。作为一种理想，就是无论到了任何地方都要追求一种高尚的精神，在实践方面，为全人类和全社会奉献自己的生命。这就是大乘佛教的精神。所谓大乘佛教，换言之就是“在家佛教”。

发誓“上求菩提，下化众生”的人，我们可以称之为“菩萨”。菩萨有很多，例如观世音菩萨、普贤菩萨、大势至菩萨等等，他们都留着长发，不出家。由于在家，所以外在打扮就跟古代的印度人一样。这些菩萨虽然在家，但是，如果不懈地追求有尊严的人性和佛性，则全部都是真正的菩萨。虽然在家，却发誓在生活中为全人类做出贡献，将自己的一生奉献给社会的人就是菩萨。

在众多菩萨之中只有一个人剃了头，他就是地藏菩萨。剃头的原因是，地藏菩萨的本愿在于拯救三恶道。所谓“三恶道”，用佛教的话来讲就是表现为地狱、饿鬼和畜生的事物，地藏菩萨发誓要拯救这些位于社会的最底层，承受着痛苦和苦恼的人们。所以，地藏菩萨是站在路边的。无论何时，无论何地，只要听到有人喊救命，地藏菩萨马上就会飞过去。他不留长发，不佩戴耳环和项链，一副出家和乞食的打扮，发誓要拯救世界上真正的受苦人。自己尚且需要拯救，却先去拯救别人，这就是地藏菩萨所实践的。

用今天的话说就是，进入贫民街，帮助那些食不果腹的人；拜访老年公寓，看望那些卧床不起的老年人；照顾那些孤儿、有智力障碍的人、残疾人以及麻风病患者，或者到监狱中去帮助那些服刑人员。将自己的一生奉献给这些事业的人就可以称得上是地藏菩萨了。

大乘佛教就是这样的菩萨道。所谓“菩萨道”，就是在家佛教。小乘佛教只有上求菩萨，几乎不宣传下化众生。说到底，宣称“上求菩萨，下化众生”的就是大乘佛教。其原因就在于，如果忘我地为全人类和全社会奉献一切，那么，在这种实践的过程中就已经具备了纯洁的内心。我认为，只有这种奉献型的人生才称得上是发现了人生的价值。

所谓人生的价值，就是成为受到全社会的人们喜欢的人，成为被所有人感谢的人。尽管如此，也没有必要祈愿轰轰烈烈的大事。

比叡山的开山鼻祖、传教大师说：“何谓国宝？宝者，道心也。有道心之人谓之国宝。经寸十枚，非国宝也，光照一隅，乃国宝也。”这段话的意思是，金银财宝称不上国宝。只有无论身在何处都追求完全符合释迦牟尼佛的学说的人才是国宝。在社会的某个角落，只有两三个人也无妨，受人喜欢、受人信赖的人就是国宝。这样的人可以称得上是“上求菩萨，下化众生”的菩萨。

仅仅照亮自己的周围也可以。为别人做出贡献，在这个过程中发现人生的意义。人生唯一的生存目的仅在于此，我可以这样断言。

[活在人世何其难]

生命的珍贵

人的生命只有一次，每个人都一样，所以应了解其珍贵及其应负的使命。人无论得了什么病，无论身体出现了任何的不便，都要对我们作为人来到这个世界上，并且还生活在世界上这件事情本身充满感激之情。

况且，能够以健康的身体从事劳动的人必须更加欣喜地感到生命的珍贵。但是，每个人都有自己不得不去完成的使命。

《法句经》一书是释迦牟尼佛的短句集，是小乘佛教最重要的经书。南亚诸国小乘佛教的信众不像大乘佛教那样诵读《华严经》《法华经》及《维摩经》等经书，而是以《法句经》为座右铭，每天诵读释迦牟尼佛的言论修行。如果每天拜读这部经书，就会感到仿佛是见到了释迦牟尼佛，

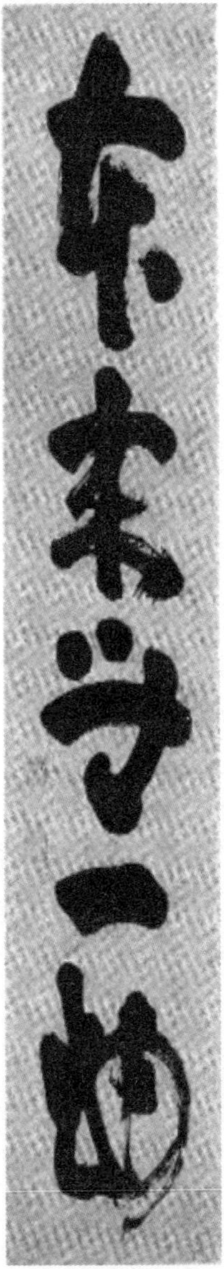

书中写道：“生在人间何其难，未死犹生应足惜。聆听正法何其难，纵使有幸遇诸佛，依然遥遥不可期。”释迦牟尼佛反复强调人生的难得，但是，现代使用“难得”这个词的年轻人似乎不多。使用“难得”“不胜感激”这些表示感谢的词语的人也越来越少了。“生在人间何其难”这句话，说得的确也是事实。人生在人间是理所当然的事情。如果一个人能够出生在首富的家里那当然是再好不过了。但是，即使出生在贫困家庭，也不足为奇。人生来就长得好看一些当然是一件好事，但是，如果对自己的容貌感到愤愤不平，也不是应有的心态。

如果我们认真地想一想，我们没有被生为猫、狗、牛、马甚至不足挂齿的小虫，而是生为如此了不起的人，真的是一件难能可贵的事情。释迦牟尼佛说：“出生为人，少之又少。”

有一天，释迦牟尼佛正在路上行走，蹲下身子抓了一把大地的土放在了大拇指的上面，看了看同行的阿难，问道：“阿难啊，我手指上的土和大地上的土，哪一个更多一点呢？”这是一个连幼儿园的孩子都明白的道理。所以，阿难这样回答说：“当然是大地的土多了，您手上的土只有一点点而已。”听了阿难的回答，释迦牟尼佛说：“是吗？在这个世界上，获得了生命而出生下来的不计其数，多得就像大地的土一样。但是，被生为人的，就像我手指上的土一样少。所以，我们应当为被生为人而感到高兴。”

你是不是认为释迦牟尼佛说的话有些言过其实呢？有人可能会提出这样的疑问：地球上的人口多达数十亿，你说人就像你手上的土一样少，是不是有点可笑呢？但是，如果你好好地睁开眼睛看看周围的世界，就会明白，释迦牟尼佛所言极是。

我们看一看大海，就会明白生物的种类何其多。鰤鱼、金枪鱼成百万条地聚集在一起。鰤鱼和金枪鱼捕食的小型的沙丁鱼的数量是这两种鱼本身的数千倍。而沙丁鱼捕食的小型的杂鱼的数量又是沙丁鱼的数万倍。如果用显微镜观察一杯海水，这些杂鱼的鱼饵——一种叫作“浮游生物”的微生物的数量竟达50万之多。毫无疑问，浮游生物也属于生物，因此，海洋中生物的数量是数不胜数的。

另外，田野里和山中还有各种各样的动物，有小鸟，有虫子。小鸟每天捕食虫子，但是，虫子并没有因此消失。如果小鸟不捕食虫子，树叶和蔬菜等植物不到三年就会被虫子全部吃光，地球上的植物将统统灭绝。小鸟捕食虫子，这样才保持了生态的平衡。

晚上看书的时候，就会时不时地有连名字也叫不上来的小虫飞进来，爬到书上。我心里想，这是什么虫子呢？我仔细地打量着，但是，的确如此，我们还不知道的生物，还从未见过的生物仍然多得难以计数。

如果这样来考虑的话，就可以说，在这个世界中，获得了生命的生物的确就像大地上的土一样多。相比较而言，人类，的确就像手指上的土那样少。

我们每一个人都只不过是人类大家庭中的一员而已，人的生命只有一次，因此，必须格外珍惜。我们必须认识到只有一次的生命和全世界唯一的自己的生命的尊严及其使命。我想，这是人生中的头等大事。

地球究竟诞生了多长时间呢？根据学者的推测，大约是50亿～100亿年。那么，在这个已经有百年历史的地球上，人类又是在什么时候诞生的呢？

在中国的北京郊外曾经发现过北京猿人、直立猿人的遗骨，被称为最接近于人类的猿的遗骨，据推定，这些猿人大约生活在距今 50 万年之前。这样，如果说地球有 100 亿年的历史，而在大约 50 万年以前地球上诞生了与人接近的动物，那么仅凭这一点就可以说，在地球出现了 999,950 万年之后才出现了与人接近的动物。人眼所看不到的大自然在如此长的岁月中慢慢地进化，人类终于诞生了。

人类的诞生并非那么简单，因此，我们不禁要感谢大自然造就了人类。尾崎放哉在俳句中写道："切瓜的手指有十根。"人如果有 8 根手指就是缺陷，如果有 13 根就又太多了。人类有 1 个大拇指，其余 4 根手指并拢起来即可将物体抓紧，制造各种各样的东西。我们的手是多么神奇啊！每当我们切瓜的时候，如果我们看一下我们已经司空见惯的手，就会像尾崎放哉那样对大自然充满感激之情。

正因为有了手，我们才能够用文字写出诗歌和文章，才能绘制出美丽的图画。我们人类之所以能够编织出暖和的毛衣、缝出漂亮的衣服、烹调出美味的佳肴，全部是托了手的福。正因为有了这双手，我们人类才种植出稻米和蔬菜，制造出各种各样的物品。

我们不仅有手，还有别的器官。有了眼睛，我们才能眺望美丽的风景，才能够看书。我们之所以能够听见小鸟的啼鸣、听见优美的音乐，全都是这双灵敏的耳朵的功劳。我们能够闻到香的气味，鲜花的芳香和食物的香味，能够嗅出不同的气味，全都是托鼻子的福。我们用舌头品尝味道，用嘴说话，与人进行沟通。另外，正因为我们有了腿脚，才可以自由地去自己想去的地方。生为这样了不起的人类，我们应当充满感激之情。而且，正如释迦牟尼佛所说的“有生必有死”那样，人死是必然的，没有一个人可以长生不老。正是因为生命是有限的，人生是短暂无常的，我们才应当珍惜我们现在还能活着并从事着劳动。的确，“有生必有死”。

我每年都要到访濑户内海三岛。在那里有三处麻风病人的疗养所，分别是爱生园、光明园和青松园。我是去慰问那里的麻风病人的。

战后，由于普罗明这种药物的出现，麻风病的儿童患者逐渐减少，所以，岛上同时开设的小学和初中也都停办了。据说，截至目前，高中里面还存在约 18 个麻风病人。

目前，这种病在日本已经很少了。

尽管如此，在这三个岛上当时仍然有重症患者二三百人。有的人手指脱落了，有的人脚踝没了，有的人鼻子残缺了。也有的老年患者几乎失明，很多患者长年卧病在床。据介绍，有的患者一心想摆脱过度的痛苦、辛苦和寂寞，故意从床上滚下来企图自杀。

我到岛上看望这些患者，反复地对他们讲：“人生只有一次，请一定多加保重。”我每年去岛上的时候，都会深切地感到那里的护士是伟大的，她们成了患者的手足，辛勤地照顾着这些患者。据介绍，由于护士的人数不足，所以就招聘了很多普通人来做护理助手，这些人也兢兢业业地工作着。

从理论上讲，应当根据患者的性别配备性别相同的护理助手，但是，护理助手需要照顾患者的一日三餐甚至大小便。其中，一些患者大小便失禁，非常麻烦，但是，这些护理人员没有一点厌恶的神情，依然细心照料着这些患者。他们将这些患者一个个抱进澡堂中洗澡。这些患者中有的人失去了手，所以不能擦洗身子；有的人失去了脚，所以不能走路。对于这些人来说，只有在洗澡的时候可以运动一下，他们非常高兴。在当时，虽然已经有了供老年人和病人躺着洗澡的比较浅的浴池，但是，岛上还没有配备这种设备。所以，这些护理人员就一起进入浴池中给这些患者洗澡。

这些护士是真正的菩萨，是真正的观音，即使是自己的亲生子女，也不会悉心照顾到这个程度吧？她们都是以宗教般虔诚的信念来到岛上照顾这些病人的，一想到这里，我就对她们充满了感激之情。因此，每当我见到这些护士，我都会双手合十，向她们行礼。

我第一次到访爱生园是在 20 多年前。大家都集中到一个讲堂里面，我在那里给这些人做讲座。那时，一位名叫田中文男的青年代表所有的患者向我行礼。田中是岛上最有学问的人，与外国的通信联系都是他用英文书写的。

据田中所说，他是在上大学的时候发病的。他曾怀抱青云之志来到东京，考上了理想的大学，但却从医生那里得到了上岛的通知。这对他来讲无疑是一个巨大的打击。

田中说：“那时，我已经失去了继续学习的机会，成功也离我远去。我不想给父母和兄弟们带来麻烦，所以，就连老家也不回了。我万念俱灰，心里想，就在谁也不注意的时候死去吧。想好以后，我打算跳入三原山的火山口。过了伊豆的大岛以后，在三原山自杀的人很多，所以，从那里到大岛的港口，都有警察严密看守。警察从一个人的样子即可大概看出他是来旅游的还是来自杀的，如果觉得来人比较可疑，就会跟踪。因此，田中也不能跳入三原山自杀了。

但是，他仍然没有打消自杀的念头，并在登船卡上填写了胡乱编造的姓名和住址，登上了回程的船，打算在途中跳入东京湾自杀。正当他站在船边，寻思着在哪里跳海的时候，也许是偶然，也许是命运的安排，有个人在他前面跳入海里自杀，引起了一片混乱。船停了下来，放下了救生艇，由于紧急情况，船上开始清点乘客的人数，为了确认跳海自杀的人的身份，开始对船上所有人员的情况进行核实。

田中将自己填写在登船卡上面的假姓名忘得一干二净。到了最后，没有对上号的登船卡只剩下了两张，乘务员就询问这两张是谁的。田中只认出了自己的笔迹，所以就告诉乘务员哪一张是自己的。总之，由于发生了这个意外事件，田中失去了在东京湾跳海自杀的机会。

于是，可能是命运的安排，抑或是一种因缘，接下来，田中就下定决心，来到爱生园。但是，来到了这里以后他仍然一心想着寻死。“在这种地方熬下去，活着还有什么意义呢？得了这种病，为什么还要活下去呢？”烦恼和痛苦、怎样死去、从什么地方的海滨入水、在哪一棵树上上吊，他脑子里一天到晚想的都是这些事情。他好像一下子坠入了漆黑的谷底，大脑和眼前都变得一片空白。

一天天就这样过去了，一个月，两个月，大约过了半年，他的情绪逐渐平静了下来。这时，田中逐渐有了这样的想法：自己染上了不幸的疾病，万不得已来到了这个岛上，可是，爱生园的园长、众多的医生和护士为什么也来到了这里呢？他们待在自己家里，也可以做一名执业医生，也可以成为一名体面的医院院长，但是，他们明明知道这里是不自由的，却为什么要离开自己舒适的家，偏偏来到这个岛上呢？这些护士也是，她们如果在城市的医院里面上班，就会轻松、开心地活着，但他们为什么要来到这里擦拭污浊的脓液、给病人换绷带、每天在病人肿成紫色的手腕上注射呢？据说，他们都是不顾父母、兄弟姊妹的反对来到这个岛上的。其中有个人的父亲还说：“你不要再踏进这个家门！”声言断绝父子关系。

这些都是为什么呢？为什么遭到了如此强烈的反对，他们还要来到这个岛上呢？想来想去，田中终于想明白了：这些医生和护士都是为了治疗和护理我们而来到这里的。他们充满了爱心，舍弃了自己的家庭，舍弃了自己舒适的工作和生活环境，毅然来到了这个岛上，他们下定决心，即使不能将这些病人治愈，也要照料他们到最后，尽力而为。我们这些患者被社会隔离开来了，但是，他们却与我们住在一起，每天都在为我们忙碌着。可是我自己呢，一门心思地想死。这不是太对不起他们了吗？他们不是太值得我们感激了吗？我们不应当为有了这些乐于奉献的人感到高兴吗？

我们这些患者能够进入这么好的医院，而且每个人住的都是单独的病房。这的确很难得。我们身上穿的、用的都是统一配发的，这着实让我们心存感激。我们的一日三餐都是由营养师合理调配的。任何一件事情都让我们感动得热泪盈眶。

我们就这样充满了感激之情，双手合十，表示感谢的心情油然而生，心中豁然开朗。如果以这样的心情回顾过去，曾经那么厌恶的小岛就宛若天堂一般。

海水是那么清澈，每当波浪涌来的时候，眼前总是那么美丽，仿佛是海边松树林中的树枝的形状。小鸟的啼鸣也沁人心脾，田野里开放的蒲公英和紫花地丁是那么可爱美丽。好像一切的一切都在抚慰着田中君，此时此刻，他把这个小岛看成了天堂，看成了净土，于是，心存感激地过着每一天的生活。再者，时不时地都会有宗教界的人士到访，给这些患者讲读经文。这些患者结合自身的情况都能听懂这些经文。田中对这里发生的一切都充满了感激。

当心中有不满、烦恼以及无论如何也难以抚平的冲击的时候，这个世界就是漆黑的地狱。但是，当感激的心情涌现的时候，我们的心中就会豁然开朗，世界虽然还是那个世界，但在我们眼中已经变成了一片净土。

田中患上麻风病这种痛苦的疾病，历经烦恼和痛苦的煎熬，最终获得了如此美好的精神境界，他所讲述的自己的人生经历，令我至今难以忘怀。

田中在时隔20年后又回到了东京，看望了大学时代关系最好的一位同学。这位同学从头到脚打量了他一遍，大喜过望，说道："田中君，你活过来了？我还以为你已经不在了。你能来看我，我太高兴了。"这位同学就跟以前的同学打电话联系，于是，所有的同学聚在一起为田中开了一个欢迎会。

如果这位田中先生当年跳入了三原山的火山口或东京湾，就不会有今天的他了，自不待言，痊愈后回归社会也是不可能的。只有活下来，才会有今天这位了不起的他。人无论患上什么疾病，无论身体有多么不便，都应当牢记“生在人间实不易”的道理。

我们必须感谢自己作为人来到了这个世界上，并且还活在这个世界上。能够健康地学习和工作的人，就更加应当心存感激了。况且，每个人都有每个人必须完成的使命。就连每天早上起床后向父母亲道一声“早安”这么简单的事情都是别人无法取代的，如果不是自己亲口说的就没有意义。如果握住汽车的方向盘，从那一刻起，驾驶汽车的人就肩负起了责任。这种责任是任何其他人都取代不了的。

唯有感谢生存在世界上的自己的仅有一次的生命，感谢我们还活在这个世界上，认识到自己所肩负的使命，完美地完成自己一生，这样的人生才是有意义的。

有人说：“聆听正法何其难，纵使有幸遇诸佛，依然遥遥不可期。”我们虽然作为人来到了这个世界上，必有一死的生命也延长了，但是却与佛法无缘，连一句感谢的话都没有听到就要死去，这样的人还是有很多的。

这里释迦牟尼佛在世期间，不知是王舍城还是舍卫城，这些姑且不论，总之，人口达到了 9 万人。其中只有 1/3

的人见到过释迦牟尼佛并聆听过释迦牟尼佛讲解经文。“听说过有释迦牟尼佛这位令人尊敬的人”，就像这样，只闻其名、未闻其声的人占 1/3。其余的 1/3 就连有释迦牟尼佛都不知道，他们没有见过，更没有听到过释迦牟尼佛的圣言。当年，即使在释迦牟尼佛的诞生地印度，若无因缘，也是见不到释迦牟尼佛本人的，更不用说听到过释迦牟尼佛的圣言了。这就是“闻听正法何其难”这句话的由来。

值得庆幸的是，如此难得的释迦牟尼佛的佛法传播到了日本，领会到真理的醒悟者有很多。我没有出生在没有佛法的欧洲和美洲，没有出生在非洲和苏联，而是有幸出生在了日本，只要有这个想法，就随时都可以聆听佛法，而且可以见到了不起的人物，这难道不是一件值得庆幸的事情吗？

我们生在人间，而且现在还活着，能够聆听到千真万确的真理。这就是最值得庆幸、最值得感激的事情。这是我们所有人之幸。想到这里，我希望人人都能相互感激，以这种感恩的心度过自己的一生。

[佛在何方]

众生原本佛

在如今的世界，佛究竟在哪里呢？释迦牟尼佛是远在2500年前的古代成佛的。如今，他本人已经消失。那么，佛存在于寺院之中吗？不，佛并非那个用木材雕刻出来的佛，哪里都没有佛。

如果要在这个找不到佛的世上求佛，除了将凡夫俗子当作佛以外别无他途。如果我们不以成佛为目的，那么，哪里都不会有佛。

白隐禅师在《坐禅和赞》一文的开头说："众生本来佛，恰如水与冰。离水则无冰，众生外无佛。"

《坐禅和赞》尽管只是一篇短文，却淋漓尽致地唱尽了禅之心。我们不得不由衷地赞叹："白隐禅师的确了不起！""众生本来佛"一句中的"众生"虽然指的是作为生命而活着的一切事物，但是，我们姑且还是将其看作所有的人吧。每个人都有成为佛的素质。每个人都是佛，每个人都是自由、平等、尊严的存在，每个人都不应受到蔑视。

据说，释迦牟尼佛诞生之后，走过七步，右手指着天，左手指着地，说道："天上天下唯我独尊。"天上没有统治人类的神，地上没有诱惑人类，并使人类堕落的恶魔。所说的走过七步，意思是说，人是自由的，人是这个世界的主人。

纵使是释迦牟尼佛，也不是刚出生就会走路说话的。如果是真真正正懂得佛教的人来写释迦牟尼佛的传记，就无论如何也不会那样说了。我认为，可能是因为释迦牟尼佛肯定人类的自由和尊严，所以才有人认为释迦牟尼佛在诞生之后就这样说了，于是就将其写在了传记里面。

释迦牟尼佛也是人，也是像一个普通的婴儿一样呱呱落地的。婴儿出生时无所顾忌、使劲啼哭的声音仿佛在说："天上天下唯我独尊"。每个人都是如此。没有一个婴儿在出生啼哭的时候会顾及别人。没有一个婴儿会这样想："因为自己出生在穷人家，所以就小声一点哭吧""自己将来也不会太聪明，所以就小声一点哭吧"。他们都是使出了全身的力气啼哭的。唯有这样的啼哭才昭示着"天上

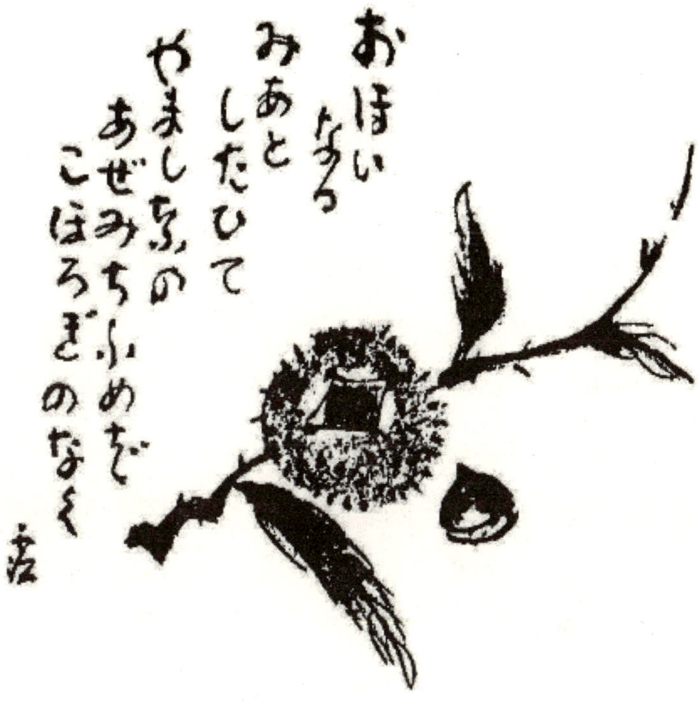
おほい
なる
みあと
したひて
やましろの
あぜみちふめど
こほろぎのなく

天下唯我独尊”，昭示着自由和尊严的人格。

释迦牟尼佛悟出了每个人都具备的佛性，并启发人们也去顿悟这样的佛性。没有悟出的，是因为东想西想想得太多了，是因为受制于物了。即所谓的“因妄想执着，而不征得”。这就像是乌云遮挡住了明月。正因为妄想和执着这两片“乌云”遮挡，所以才看不见明月。古人咏叹道：“试想云开雾散后，空中明月更皎洁。”

在被云雾遮挡的时候，人是看不见明月的，但是，等到云开雾散之后，仰望晴朗的星空，即可看到明月皓洁，熠熠生辉。人人都会感激地赞叹：“多么皎洁的月亮啊。”但是，无论这轮明月是否被乌云遮挡，它都是熠熠生辉的。佛性是人人皆有的，就像月亮一样。虽然每个人都应当领悟到这一点，但是，每个人都把自己想成了凡夫俗子。人们还没有意识到自己有一颗婴儿般纯洁的心。虽然白隐禅师也说“人即是佛”，然而，为什么众生都没有醒悟过来呢？

佛与凡夫的区别在哪里呢？这种区别只不过是水和冰的区别。水和冰的成分是完全相同的，都是由两个氢原子和一个氧原子构成的，它们的化学式都是 H_2O，没有丝毫差别。但是，当病人需要用冰对头部进行降温，你去购买冰块的时候，如果别人对你说：“成分都是相同的，所以就用水吧。”你肯定不会同意。这是因为冰和水还是有很大区别的。

水是温的，冰是冷的；水是无形的，冰是有形的；水是流动的，冰是静止的；水被怎样敲击都不会碎掉，冰被敲击后就碎掉了；水可以养鱼、培育草木，而冰却能冻死鱼、损伤草木。

佛与凡夫本来是一样的，却存在着和水与冰一样的差别。佛的心是温暖的，凡夫的心却是冷的。佛的心是无形的，凡夫的心中却有以自我为中心的结块；佛的心就像水可以养鱼、培育草木一样，是一颗救济众生的慈悲的心，凡夫的心只管自己过得好，对他人漠不关心，即使损人也要利己，是一颗利己的心；佛的心就像潺潺流水，不会受制于任何东西，而凡夫的心则会斤斤计较，固执己见。

甲斐和理子咏叹道：“有岩石，亦有树根，流水潺潺；流水潺潺兮，心无旁骛。”这首和歌的意思是，即使遇到了岩石的阻挡，即使河边爬满了树根，小河的流水仍然不受阻拦，潺潺地流个不停。佛的心也恰似如此，不会受制于任何东西。凡夫的心中爱恨交加，富亦忧，贫亦忧。凡事均在心中起波澜，固执己见，不能通融，此乃凡夫之心。

佛与凡夫，差别竟如此之大。

如果说佛与凡夫泾渭分明，倒也不是如此。就像冰融化了以后变成水一样，如果以自我为中心的结块消失了，凡夫也就变成了佛。也就是说，凡夫会慢慢地变成佛。

在当今的世界，佛究竟在哪里呢？释迦牟尼佛是远在2500年之前的佛。如今，他已经不在人世了。历代的诸位祖师亦然。以各宗派的总寺院为代表，在日本全国的寺院之中皆有佛。这里所说的并不是那些用木头雕刻出来的佛，也不是那些用铜铸造出来的佛。哪里都没有佛。

就像在南极一样，在那个没有水、只有冰的世界里，当人们需要水的时候，只有化冰为水，除此之外别无他途。在这个世界里，无论走到哪里都找不到佛，如果要去求佛，除了将凡夫变成佛之外别无他途。人不变成佛，哪里也不会有佛。白隐禅师用诗昭示我们："众生本来佛，恰如水与冰。离水则无冰，众生外无佛。"释迦牟尼佛则说："一切众生皆具如来智慧德相。"所谓"德相"，换言之，就是"慈悲"。也就是说，如果对佛性进行分析，便是智慧和慈悲，每个人都有与佛一样的智慧和慈悲。

拿佛像来说，在释迦牟尼佛的左右两侧分别站着文殊菩萨和普贤菩萨。文殊菩萨象征着智慧，普贤菩萨象征着慈悲。佛之心，换言之，就是象征着释迦牟尼佛开悟的文殊菩萨和普贤菩萨。如果正尊是阿弥陀佛，其胁士就是观音菩萨和大势至菩萨。观音菩萨代表慈悲，大势至菩萨代表智慧。再者，药师如来的胁士是日光菩萨和月光菩萨，日光菩萨象征着智慧，月光菩萨象征着慈悲。

所谓智慧可谓包罗万象，无论是看到的还是听到的，都并非有别于自我的东西。自然界是如此，自我、动物和植物亦是如此，自我及全人类亦是如此，世界上根本不存在自我、非自我的东西。能够这样看问题就是智慧。因为世上的一切事物都是自己的，所以，不得不去爱这些事物，拯救受苦的人、悲伤的人，让所有的人都感到幸福。心中若能如此想，便是慈悲。

我们应当明白，只有这样的智慧和慈悲才是人类与生俱来的佛之心。如果能够悟到这一点，就会明白释迦牟尼佛所说的“人人生而平等”这句话的真正意义。印度是一个自古以来就有“种姓”的严格的等级制度的国家。印度教将人分成婆罗门、刹帝利、吠舍及首陀罗这四个等级。婆罗门的祖先是从神的脑袋里面生出来的，所以有统治国家的权利。刹帝利是从神的胸膛中生出来的，所以，也属于统治阶级。吠舍是从神的肚子里面生出来的，所以是一般庶民。最后的首陀罗是从神的脚里面生出来的，所以，被当作奴隶。这就是印度教中的制度，在现实生活中有着更为详细的区分。

例如，在酒店工作的人中，穿着黄色的服装、搬运行李、操作电梯的人以及在餐厅中穿着白色服装工作的人都有严格的等级划分。再往下的等级就是坐着打扫庭院的人。他们并非腿部有残疾的人，而是种族制度不允许他们站起来。印度如此悲惨的歧视制度，从古代一直延续到了今天。

在印度，最早说出"不得歧视人"这句话的是释迦牟尼佛。释迦牟尼佛开悟后，到处行走传播佛教，所以，就一直流传他是如来佛、释迦牟尼佛。他的故乡迦毗罗卫国的人们说："无论如何也要听一听释迦牟尼佛讲经。"所以就不断地给释迦牟尼佛写信。因此，释迦牟尼佛在离开迦毗罗卫国后的第七年（或第八年）又回到了故乡。当他讲到"人都是自由的，都是具有尊严的佛性"时，青年人都非常感激。其中也有大臣的孩子和富翁的孩子。他们之中有很多人都剃了头，纷纷做了释迦牟尼佛的弟子。故乡里的很多老年人都大惑不解，纷纷出来抱怨说："释迦牟尼佛夺走了我们家的孩子，他可是我们家的顶梁柱啊！""我们家的姑爷太重要了，却出家了。”于是，释迦牟尼佛便制定了一条规定：想出家的人必须征得父母的同意，未征得父母同意，便不得出家。由此可见，青年人对释迦牟尼佛的感激之情已经到了何种地步。

但是，这个规定推出后，出家人的数量仍然有增无减，最吃惊的就是剃头匠。剃头匠就问这些年轻人："你们都这样把头发剃得一根不剩，是要干什么啊？”年轻人回答道："这个你都不知道？我们国家的王子开悟了，来给我们讲解可贵的经法。他说，我们每个人都能修炼成佛。所以，我们才舍弃了家，舍弃了一切，剃头之后做他的弟子。”剃头匠听罢，就恳求这些年轻人："如果可以听到这么可贵的经法，那就带我一起去，好吗？”说完之后就剃了头，赶赴释迦牟尼佛处。他就是剃头匠优婆离。

这样，入门仪式终于开始了。首先，弟子们来到释迦牟尼佛的面前，头部着地，行拜足之礼。这种仪式需要反复拜三次。然后，再到罗汉的面前，同样行三次礼。最后，来到比自己地位高一级的师兄面前，再次行三次礼后入座。这样，释迦牟尼佛的弟子排定了座次，紧随剃头匠优婆离之后行礼的是释迦牟尼佛同父异母的弟弟，是一位名叫难陀的王子。

难陀按照规定在释迦牟尼佛和罗汉的面前行了三次礼，但是，站在自己的师兄优婆离的面前之后，说什么也不肯低头。虽然已经下定决心放弃气度高贵的贵族身份，以谦虚的态度开始修行，但是，一个剃头匠的地位怎么能跟王子相比呢？一国的王子怎么能去向这个平时连一起吃饭和说一句好听的话都不可能的奴隶等级的优婆离行三次礼呢？这种事情在印度的历史上前所未有。想来想去，难陀说什么也不想向优婆离低下头去，只是一言不发地站在那里。于是，释迦牟尼佛接连对难陀说了三次"难陀，向优婆离行礼！"即使这样，难陀依然不肯将头低下。于是，释迦牟尼佛这样说道："四河入海，无复河名。四姓出家，同尊释种。"这句话的意思是，印度有恒河和印度河等四大河流，虽然它们分别都有自己的名字，但是，它们汇入大海后全都是一样的水，原来的名字也都将消失。同样的道理，社会上的人虽然被分为四个等级，但佛的世界里是没有等级的，大家都姓"释"，都是兄弟，所以，释迦牟尼佛才让难陀对优婆离行礼。难陀听完释迦牟尼佛的解释以后，才放弃了社会上的等级意识，对优婆离行了礼，座次排在优波离之后。释迦牟尼佛就是这样严格地贯彻"人是有尊严的""人人生而平等"的理念的。释迦牟尼佛在世的时候自不待言，在佛教兴盛时期这些理念也得到了很好的贯彻。但是，当伊斯兰教传入印度后，等级的概念就又复活了。其原因在于，右手执剑、左手拿着《古兰经》，声言“不信这个就杀了你”，如此的暴力型的宗教得到了推广，佛教徒逃亡到锡兰和缅甸等地，就没有人继续在印度传播佛教了。这样，印度教逐渐占据了主流。当英国统治印度时，由于利用印度教更有利于其统治，所以，底层的印度人继续承受等级制度之苦。

政治运动家甘地认为，如果不改变这种现状，印度就难以复兴，国民就得不到拯救，因此，他为印度的独立进行了不懈的奋斗。甘地收养了奴隶等级的姑娘，为了建立新的、伟大的印度，首先从自身做起，消灭人种歧视制度。

尼赫鲁在印度独立后成了首任总理，他任命一位名叫安培多·伽尔的法学博士为司法部长。伽尔博士是奴隶等级出身，留学英国后努力学习，获得了法学博士学位。他认为，这时，如果不利用佛教就不能消灭等级制度，于是，与相同等级出身的300万人一起成了佛教徒。这种新兴的佛教思想被称为“新佛教”，它的皈依者被称为“新佛教徒”。

其后，有人谣传伽尔博士遭到暗杀，不幸的是，这个谣传不久后伽尔博士真的去世了。在他去世以后，又有200万人成为佛教徒。据传，今天的印度大约有500万新佛教徒人。

但是，印度时至今日仍然保留着严格的等级制度。

人人生而平等，每个人都是有尊严的，我们应当将释迦牟尼佛的这个教导付诸实践。

《法华经》中有一品叫作“常不轻菩萨品”。虽然讲的是常不轻菩萨的事情，但是，这位菩萨既不读经也不坐禅，只是每天外出，遇到人的时候总是合掌行礼。

“吾常不轻汝，汝当作佛。”这句话的意思是，我是尊敬你的，你是可以成佛的，无论男女老幼，无论贫富，不分对象，见了谁都是一样地拜。

但是，如果路边突然有陌生人向你合掌行礼，谁都会感到不自在。甚至会有人喊：“讨厌！滚一边去！”还有人吐唾沫、打他、冲他砸石头。尽管这样，他仍然说：“吾常不轻汝，汝当作佛。”在他的一生中，每当在路上遇到人的时候都会施礼。因为这位菩萨总是将“吾常不轻汝”挂在嘴上，所以被称为“常不轻菩萨”。

在35岁时成为圆觉寺的管长、同时兼任花园大学校长的释宗演是明治时代的名僧，他讲述了下面一段往事：

13岁的时候，我从若狭国（日本古代的令制国之一，属北陆道，又称若州。若狭国的领域大约为现在福井县的岭南）出发赶往京都，在建仁寺山内的一个名叫两足院的寺院中做了一名小僧，我要讲的就是那时的事情。两足院自古以来就不断出现名僧，他们应当是在寺院学习的。有一天，师父外出，我在寺院中值守，将正殿打扫了一下，就感觉有点累了。于是就躺在旁边午休。不知过了多长时间，突然听到了一阵窸窸窣窣的声音，我睁开眼睛一看，原来是师父回来了。我大吃一惊，不过已经来不及了。我看着师父的脸色，心里想，即使爬起来也会很尴尬。师父会怎么训斥我呢？我想他可能会踢我，但事到如今已无可挽回了，只能听天由命了，所以就呆呆地躺在地上没有起来。于是，当师父从宗演的枕头旁边经过时，单手合掌，说了一句“对不起”便快步走过去，进了旁边的宿舍。

我眯缝着眼睛看着这个情景，心中是何等的感激啊！虽然心里做好了思想准备，白天睡大觉会受到训斥，或者被脚踢拳打，但是师父却没有丝毫责备的言辞，不仅如此，从枕边经过的时候还彬彬有礼地合掌施礼。这时我才明白，师父尊重我的人格，把我作为一个平等的人尊重。我心里非常高兴。从此，我就下定决心，一定要努力学习，成为一个有成就的人。

从此以后，释宗演就发奋修行，最终成了圆觉寺的管长。

这就是说，师父要尊重弟子的人格，弟子也要尊敬师父的人格；丈夫要尊重妻子的人格，妻子也要尊重丈夫的人格，父母与子女之间也要相互尊重；总经理要尊重员工的人格，员工也要尊重总经理的人格；人与人之间要相互尊重，尊重对方的人格。

“众生本来佛，恰如水与冰。离水则无冰，众生外无佛。”除了我们这些生活在现实中的凡夫之外，哪里也没有佛。因此，要平等地尊重所有的人，每个人都是可以修炼成佛的了不起的人。这就是佛教的观点。

所谓凡夫修炼成佛，就是认识到相互之间的佛性，融化像冰那样冷漠、坚硬的心，变成温暖、清澈的水一样的心，不受阻挡，可以流淌到任何地方，孕育出生机盎然的生物，滋润人的心田，滋润整个社会。如果每个人都有这样的佛心，那么，这个世界就会变成佛的世界。

[镜若我心]

盘珪禅师之教诲

何谓佛性？何谓佛？有多少佛学家能清清楚楚地给我们昭示：这就是！很少。大家都止于对这个问题的解释与说明。

单凭学问是无法悟出佛性的。所谓学问，并非记住大量的知识。那样也只不过是笔记的累积而已。所谓学问，就是带着疑问去追求真理。有了关于人生的疑问，学问才有意义，才会与宗教相遇。

日本有许多优秀的高僧和名僧，他们分别属于天台宗、真言宗、净土宗及禅宗等佛教流派。其中也有很多人获得了国师和大师的称号。一般情况下，一提到“大师”，往往是指弘法大师。一提到“祖师”，往往是指日莲圣人。一提到“国师”，往往是指天龙寺的开山鼻祖梦窗国师。

弘法大师不分宗派，广泛地收集民间的信仰，至今仍被人们亲切地称为“大师”。弘法大师为日本文化的发展做出了巨大的贡献，甚至留下了“弘法不选笔”的典故。1973年正值弘法大师诞生1200周年，以高野山为首，真言宗各派一起隆重地举办了纪念法事。

虽然年代相去甚远，禅宗在这一年也迎来了德川时代的名僧盘珪国师诞辰350周年。从5月初开始的一周时间，130名行脚僧从全国各地齐聚位于盘珪国师的故乡姬路的一座名为“龙门寺”的宏伟寺院，举行了以报恩为目的的坐禅修行。

盘珪禅师出生在位于今天的姬路市网干，名叫浜田的地方。据传，盘珪禅师的父亲是一位中医，他 12 岁的时候在寺子屋读书，在那里学习的是被总称为“四书五经”的儒家的经典著作之一——《大学》。

《大学》一书的开头有这样一句话，“大学之道在明明德，在亲民，在止于至善。”所谓“大学”，即学问，孔子做学问的目的很明确，在于使人们的美德得以显明，在于使天下的人革旧更新，在于使人们达到最美好的思想境界。最前面的一句话“在明明德”使盘珪禅师大受震撼。

“明德”的“德”就是“道德”的“德”，美德是人与生俱来的东西，只是并非所有的人都能意识到这一点。因此，所谓学问，就是清楚地认识到人与生俱来的美德。这就是孔子所要说明的道理。但是，盘珪禅师在 12 岁的时候并不明白这个道理。

“虽然说每个人都有被称作美德的美丽的内心，但是，难道我就没有吗？我每天到河里捕鱼，或到山上捉虫捕蛇，净干些杀生的勾当。我还经常跟同学吵架。我是一个淘气大王，父母也训我，哥哥也训我，应当说我没有美德。我哪里有一点点明德呢？我虽然心里想自己没有美德，但有时候又想着假若说有的话，究竟在哪里呢？”盘珪禅师抱着疑问陷入了沉思：“如果说美德人人皆有，那么，它原本是什么样的呢？”盘珪禅师百思不得其解。他并未就此罢休，而是向寺子屋的老师求教。

“像我这样的人，哪里有美德呢？美德又是什么呢？使人们的美德得以显明又是什么意思呢？”盘珪禅师这样向老师讨教，老师却并未做出回答。从此以后，盘珪禅师遍访八方名师，仍然没有得到答案。

虽然《坐禅和赞》一书中说：“众生本来佛”，但是，在今天的日本，并非对佛性进行解说或说明，而是清清楚楚地向我们昭示佛性的佛教学者有多少呢？无论是在盘珪禅师的时代还是现在，我们都面临着同样的问题。单凭学问是无法悟出佛性的，是无法理解美德的。

盘珪禅师也知道能够回答“何谓明德”的学者无从寻觅，所以就去向和尚请教。恰好附近有一所净土宗的寺院，名叫“西方寺”，盘珪禅师就去了那里。西方寺里面的和尚对盘珪禅师说：“你就称赞念佛吧。”于是，盘珪禅师就拼命地称赞念佛。但是，无论怎样称赞念佛，他的疑问都得不到解决。盘珪禅师接下来又到真言宗的寺院请教。这里的和尚对他说：“要想知道答案，就去修行吧。”盘珪禅师由此开始了修行。他在寒冷的冬天往身上泼水，断食七天，尝试了各种各样的修行方法，但他的疑问仍然没有得到解决。

接着，他又到禅宗的寺院中去请教，在那里，仍然没有人能解释清楚他想请教的问题。那里的和尚只是告诉他："如果坐禅，也许能够明白。"于是，盘珪禅师就进到山里，独自一人坐禅。他在山中的一块岩石上面连续坐禅7天，饿了也没有吃的东西。由于饥饿和睡眠不足，他得到了痔疮。在坐禅的过程中还不小心从岩石上面滚落下来，导致痔疮加重并出血。他全然不顾这些，只用薄薄的奉书纸垫在屁股下面，继续坐禅。

就这样，从12～17岁这6年间，盘珪禅师夜以继日地探究"美德是什么，像我这样的人哪里有美德"这样的疑问，送走了痛苦、烦闷的一天又一天。

恰巧在这时，一位先生告诉盘珪禅师说："播州的赤穗有一位名叫云甫的和尚非常了不起，你可以去向他请教。"赤穗就是后来因忠臣藏而出名的地方。盘珪禅师马上从故乡网干奔向赤穗。在那里，他打听到了一所名叫"随鸥寺"的寺院，在那里见到了云甫和尚。

"美德是什么？像我这样的人也有美德吗？"

"有。"

"在哪里？"

“所谓美德，看不见、摸不着，所以，不能用语言说出来它在哪里。这种事情需要你自己去感悟。”

“怎么才能悟出呢？”

“除了坐禅，别无他途。你可以静静地坐禅，审视自己的内心。”

就这样一问一答之后，盘珪禅师请云甫和尚给自己剃了头。盘珪禅师在自己 17 岁的时候出家了。由此可见，盘珪禅师一心想搞清楚“美德”的问题。

其后 10 年间，西起长崎边界东至美浓尾张，盘珪禅师继续自己的修行之旅，遍寻名僧。但是，他仍然没有搞清楚“美德”的问题。于是，他再次回到了赤穗，请人建造了一间可以铺两张榻榻米的小房子，在那里，只用一个棉坐垫，他再次进入了自己坐禅修行的三昧人生。

盘珪禅师心想：如果不明白什么是美德，就不知道为什么而活着，人生也就失去了意义。在搞清楚“美德”的问题之前，即使死去也决不离开这里一步。盘珪禅师就这样几天、几十天地在那间昏暗的小屋里坐禅修行，最终患上了胸部疾病。

在吃的方面，禅师仅靠着别人通过窗户塞进来的一点东西。在排泄方面，盘珪禅师设法让粪便流出室外，所以，活动量不足。再者，由于他不分昼夜，不躺下睡觉，一直保持着坐禅的姿势，所以，还存在睡眠不足的问题。这种状态已经接近了人体的极限，患病当然也就在所难免。他开始吐痰、咳嗽，甚至痰中带血。看到他的身体成了这样，周围的人就忠告他说："别这样勉强自己了。有了生命才谈得上修行，你先把病养好再接着修行吧。"

但是，盘珪禅师依然很执着，不肯从小屋中走出来。终于，有一天，盘珪禅师在面壁坐禅时吐痰，结果吐出一口血痰。而且，血痰还发热，外形就像兔粪。痰没有粘在墙上，而是滚落到了地上。就在这一瞬间，他终于搞清楚了"美德"的问题。

盘珪禅师开悟后，终于走出了那间小房子。小房子的下面有一条小河，他用小河里面的水洗了洗不知多久都没有洗过的脸。正在这时，院子里面开放的梅花的香气飘了过来。他闻到了梅花的香气，欣喜的心情不可抑制，砰然爆发，高兴到了不知所措的地步。

"啊！终于明白了！原来，我的心就是美德啊！"他又一次品味了寻求到真理之后的感动。在临近悟出这一真理的前一周，他滴食未进，却未对身体带来影响，他走出小房子之后吃了别人送来的粥，吃得是那么津津有味。

之后，盘珪禅师的病也好了，他再次踏上了旅程。这次，他是为了向天下的名僧和有识之士求证一下自己的悟道是否正确。他边走边乞食，当听说长崎有一位从中国来的高僧之后就赶到了长崎，当他听说美浓有一位名叫愚堂和尚的名僧之后就又立即赶往美浓请教。这样，经过反复求证，他确信自己的悟道是正确的。于是，盘珪禅师就开始向人们说法。盘珪禅师时年 37 岁。这是他开悟 10 年之后的事情。

盘珪禅师所修行的并不是佛教的学问，也不懂佛教那些晦涩难懂的词语。他不提倡经典和祖师的词语，也不使用禅宗的参禅课题，而是通过自己迄今为止的体验，用自己的语言通俗易懂地说法。因此，即使不需要什么学问的农民和一般人也能听明白，无论何时何地，讲堂中总是坐满了人，甚至有的人只能站在讲堂的外面听他说法。“人心就像镜子一样干净”是盘珪禅师经常说的一句话。镜子里面什么也没有，既没有污秽也没有浮云。无论它映照到什么不干净的东西，仍然是干干净净的。无论映照到了多么美丽的花朵，镜子也不会因花朵而变得美丽。它不会污染，也不会净化。如果人站在镜子前，镜子就映照到人，如果有物品，就会映照到物品，但是，镜子里面并不会生出东西来。如果人从镜子前走开，将物品从镜子的前面撤走，那么人和物品都会从镜子里面消失，但是人和物品并不是消失在了镜子中，这就是“非生非灭”。无论映照什么东西，镜子的重量都不会增加；即使什么也不映照，镜子的重量也不会减少。也就是“不增不减”。

人心就像镜子一样。但这并不是说人心像镜子一样坚硬，像镜子一样是圆形的，或像镜子一样冰冷。像镜子一样什么也没有的，就是人心。它不会污染，也不会净化，不增不减，不生不死。这样永远不变的，就是人的佛心。孔子所说的美德，指的就是这样的心。

这在《般若心经》中被称为“空”，被阐释为“不生不灭，不垢不净，不增不减”。盘珪禅师仅用“不生”二字就将这些含义概括了。

他说：“人与生俱来的心就是不生的佛心”，并终生都在阐释这个道理。所以，这种教义被称为“不生禅”。这其实很好理解，盘珪禅师是这样讲的：“今天诸位积聚在这里是来听我讲自己的体会的吧？那么，我的话进到你们的耳朵里面就是理所当然的了。刚才有条狗在外面汪汪地叫了两声，可是，不会有一个人来这里是为了听狗叫吧？听刚才狗叫的心就是零，就是无，什么也没有。虽然根本没有想去听，可是如果狗汪汪地叫，诸位的耳朵里也会听到汪汪的声音吧？这就是所谓的佛心。虽然什么也没有，但是，我们用耳朵去听，用眼睛去看，用鼻子去嗅，用舌头去品尝，用手去触摸，用心去思考，而且，与这个世界融为一体，自由自在地去劳动。这就是佛心。我之所以说人本来的心就像镜子一样，道理就在这里。无论什么东西，都会真实地映照在镜子里。为什么这样说呢？因为镜子本身并没有面貌，所以，所有的镜子都是一样的。人也必须舍弃自我，变成无。必须领悟到自己的佛心。”

盘珪禅师就是这样用平易的语言说法，谆谆地讲述自己所发现的真理的。

下面讲一件盘珪禅师还在修行中、进行乞食的时候的一件往事。有一天，一位年轻的武士想要上马，他使劲地拉扯着缰绳，但是无论如何也骑不上去，正一筹莫展。这时，一个乞丐从一处洞穴似的地方伸出了头，这样说道：“人的心与马的心是不一样的，所以，你骑不上去。”

武士的仆从大怒，训斥这个乞丐道：“别那样狂妄自大地对我家主人说话！”

但是，武士却若无其事地走到乞丐的身边问道：“此话怎讲？”他听明白了乞丐所说的话，然后回到了自己的公馆。

这个年轻武士是服侍平户老爷的。老爷听了这个武士的禀报后说："这个乞丐不是等闲之辈！他肯定是传说中的盘珪和尚！马上带我去见他！"

武士将老爷带到那个乞丐面前以后，老爷便认出了他。于是，平户老爷就皈依了盘珪禅师，并建造了一所雄伟的寺院，名叫"雄香寺"。另外，经这位老爷介绍，伊予国的鱼津老爷也皈依了盘珪禅师，建造了一所名叫"如法寺"的寺院并慷慨捐赠。

盘珪禅师说，我所做的并非只是为了自己，我的目的是早日明白"美德"，并且也让别人安心。就这样，从连名字都没有的农民、城镇居民到许许多多的大名，均仰慕其德，盘珪禅师也就此成了一位了不起的天下名僧。

盘珪禅师之所以能够成为德川时代无人可及的名僧，也是因为对孔子的"大学之道，在明明德"这句话产生了疑问，不懈地追求真理的结果。由此可见，人必须有所追求。如果没有追求，就会一无所获。没有疑问的人生也就没有解决的需要，没有意义。

学问并非记住大量的知识。假使如此，就只不过是笔记本的累积而已。学问是带着疑问去探究真理。

西方的学问是探究客观物质的真理的科学。相对而言，佛教和儒教所探究的是人类内心中的真理，这就是东方的学问。无论是在美洲、苏联、欧洲还是非洲，所谓的科学在任何时间、任何地点都是相同的。在美国是正确的，在苏联却是错误的东西就称不上是科学的真理。同样的道理，人类内心中的真理也只有一个。无论是对于哪个国家、哪个时代的人而言，都必须是绝对的事物、普遍的事物、全人类都平等地拥有的事物。

如果不探究这种人类心中的真理，过着利己的生活，那么，无论他的社会地位多么显赫，无论他是多么富有，无论他标榜自己是多么幸福，那样的人生都是没有真正的意义的人生。

什么是生、什么是死、什么是自我、什么是佛，唯有对人生抱有疑问，对每一个人来说才是真正有意义的。我特别希望青年朋友们抱有某种疑问。只有对人生抱有疑问，学问才会有意义，也才会产生与宗教的相遇。有意义的人生就是从这里开始的。

[念佛与禅]

亲鸾圣人之教诲

亲鸾圣人说：烦恼凡夫所见无真无实。这个世界也是一样，一成不变的东西也是不存在的。唯有念佛是真实的。

禅对此是这样解释的：如果能在不知何时就要灭失的凡夫内心照见尊严、永远、真实的人性，那么，凡夫本身就是佛，这个世界本身就会变为一片净土。

据说这阵子“写真”（照片的意思，非今天的艺术照。鉴于本章很大篇幅都是拿这两个字在做文章，故照搬）很流行。写真，字面的意思是对真实的写照，那么，其中的“真”指的是什么呢？哪里是真的呢？如果拍摄的是人的面部，确实就是那样的写照。笑脸、注意力集中的脸、哭泣的脸、发怒的脸，就这样原原本本地将它们拍摄下来。但是，在拍摄的时候发生错误的就是写真的“真”。

为什么会发生错误呢？因为，昨天拍摄的人到了今天就已经发生了变化，即使是一分钟之前拍摄的人物，在一分钟以后也会发生变化，不再与以前一样。因为人的身体每时每刻都在发生变化，所以，两次拍摄出来的照片就不可能是相同的。而且，在逆光的条件下所拍摄出来的照片效果很差。如果在光线暗的地方进行拍摄，不使用闪光灯就拍摄不清楚。进一步来讲，镜头必须是透明的，模糊不清是不行的。如此等等，照相是需要很多条件的。况且，拍摄的“写真”的真实性也只是按下快门的那一刹那的真实性，不可能拍摄到永远不变的真实性。

这样看来，肉体或现象的世界里是没有“真”的。即便有，也只是与照片一样，只不过是刹那间的东西而已。

净土真宗的创始人亲鸾圣人在《叹异抄》一书中指出："烦恼具足之凡夫，火宅无常之世界，万事皆虚假邪伪，无有真实，唯有念佛是真。"亲鸾圣人所要告诉人们的是：尽是妄想、执着及烦恼的凡夫是没有"真"的。人们所做的事情无论看起来有多么了不起，都是虚妄。这个世界就像是火灾过后的房屋一样变幻无常，没有一件东西是永远可以留下来的。社会也好，人也好，都只不过是一场梦幻、一个泡影，到处充满了虚妄，没有真实可言。在这个没有一点真实的世界里，"唯有念佛是真"。

所谓"念佛"，并非"南无阿弥陀佛"这六字名号。生活在现代的人们将"南无阿弥陀佛"称作念佛，只有这样的行动才是真实的。也就是说，只有这样的行动中才存在永远的东西。

古人咏唱道："如若念佛吾亦佛，南无阿弥陀佛，南无阿弥陀佛。"在一心念佛的过程中，没有自我，也没有世界，任何事物都将消失，甚至连佛都不存在。没有烦恼，没有迷茫，那里唯有念诵"南无阿弥陀佛，南无阿弥陀佛"的心。这颗心就是无，就是空。

亲鸾圣人说："唯有这样的什么也没有的纯净的无的境

地才是真。”用禅宗的话来讲，则是“坐禅三昧，公案三昧”，等于说“只有这样的世界才是真实的”。后世给予亲鸾圣人“见真大师”的谥号也是因为他发现了“真”。

但是，亲鸾圣人是比任何人都要尊敬圣德太子的人，他创作了50余篇赞叹太子的和赞，其中就有：“救世观音大菩萨，示现此世圣德皇。有似父亲之不舍，亦如母亲之相随。”这首和赞的意思是：救世观音菩萨化成了圣德太子降临到了这个世界上，像父亲一般守护着众生，像母亲一样给众生带来温暖，这是多么令人感激啊。

亲鸾圣人9岁出家，在比叡山修行了20年，但是，却怎么也不能开悟。于是，在29岁的时候从比叡山上下来，前往圣德太子建造的京都六角堂许下百日之愿，闭居在六角堂中斋戒祈祷。到了第九十五天，圣德太子变成救世观音的样子出现在了亲鸾圣人的梦中，告诉他说：“你去找吉水庵。”亲鸾圣人按照梦中的指引成了吉水的法然上人的弟子，尽是烦恼的凡夫也得到了拯救，遂皈依了念佛门。

圣德太子所信奉的佛教是大乘佛教。所谓大乘佛教就是菩萨道，而所谓的菩萨道就是在家佛教。后来，亲鸾圣人以出家人的身份公开娶妻。据说，这是因为六角堂的告示中有圣德太子这样的一句话：“我已经变成了女人，我来拯救你吧！”

总之，亲鸾圣人在专心致志的念佛生活中娶妻生子，开创了大乘佛教的存在形式。今天，各个宗派都像亲鸾圣人那样，大部分的出家人都有家室。大乘佛教是允许这样做的。有无妻子无关紧要。但是，每一个出家人是否有菩提心，这才是应该关心的问题。是否发誓将自己的一生奉献给人类、奉献给全社会，对于大乘佛教来说，这才是最为重要的问题。最早提出这个观点的是圣德太子，亲鸾圣人非常敬重圣德太子。

圣德太子说：“世间虚假，唯佛是真。”这句话的意思是说，世间的一切都是人制造出来的，都是虚假的。只有佛的世界才是真实的，只有醒悟了的心才是真实的。亲鸾圣人是净土真宗的开山鼻祖，圣德太子所说的“世间虚假，唯佛是真”这句话被亲鸾圣人阐释为：“唯有念佛才是真实的。”

一言以蔽之，亲鸾圣人所说的念佛与他的师父法然上人所说的念佛的区别在于，法然上人所说的念佛是苦修的念佛，而亲鸾圣人所说的念佛是一种信本愿的念佛。

据称法然上人念佛四万遍，这不能不说是一种非常苦修的念佛。曾经有人计算过他每个小时念佛多少遍。每念诵一遍“南无阿弥陀佛”就将一个米粒移到另外的一个器皿中去，一个小时后数器皿中的米粒，大约有 5000 粒。如果照此计算，所称的念佛四万遍就需要 8 个小时。只要不出家，每天劳动、生活的普通人要每天打坐 8 个小时，一心一意念佛，这样的事情是无论如何也做不到的。所以，法然上人告诉人们说：“念佛是在工作的空闲时间来念的。不能因为念佛而耽误工作。”他并没有说要拿出专门的时间来念佛。可以在念佛的同时醒悟、洗脸、吃饭、工作或睡觉。也就是说，不能把念佛和生活截然分开。生活本身不能变为念佛，生活和念佛应当成为一体。这就是法然上人所说的念佛。

亲鸾圣人所说的念佛不是这样。亲鸾圣人说：“唯有念佛才是真实的。”如果明白只有称为“念佛”的心是真实的，那么，自己就可以不称念佛了。如果凡夫相信这样就是得到拯救了，那么，获得这种信心所带来的愉悦便成为感谢的念佛，自然就被称为念佛了。以感谢的心情念佛，也并非自己想要称作念佛而是自己内心中认为应该这样去想，这就是亲鸾圣人所称的念佛。这里就不存在所谓的四万遍的苦修。因为凡夫连说几次念佛这样的修行都做不到，所以，他以凡夫的姿态出现就已经是得到拯救了，相信这一点是最为重要的，所以，这被称为是一种信本愿的念佛。这就是与法然上人的苦修念佛的最大差别。

虽然亲鸾圣人尊法然上人为终生的师父，但是，到了后世，亲鸾圣人之所以成了净土真宗的开山鼻祖，也正是因为它与净土宗存在着这样的不同点。

我认为，曹洞宗与临济宗的区别也有点类似。即使是相同的禅宗，曹洞宗说“只管打坐”，意思是说，只要打坐就是修行。不许去想醒悟，一无所求，只需要一个劲地坐禅，这就是“禅”。

临济宗就不是这样。临济宗认为，仅仅只是打坐是不行的，打坐后没有醒悟也是不行的。不见性是不行的。所谓“见性”，就是醒悟到真实的人性，悟出佛性。因此，应当坐禅，思考参禅课题。如果能够见性，那么，生活本身便是坐禅。这就是临济宗的教义。

一无所求，只需要一个劲地坐禅，这就是曹洞宗的禅。应当在自由自在地活动的日常生活之中坐禅，这就是临济宗的禅。通俗点讲，可以说，这就是曹洞宗的坐禅与临济宗的坐禅之间的差别。

那么，临济宗与净土真宗之间又有什么差别呢？亲鸾圣人说：烦恼缠身的凡夫没有真。这个世界仍然尽是谎言，没有一成不变的东西。只有念佛是真实的。但是，如果在不知什么时候就要灭失的凡夫的肉体中醒悟到了有尊严、永远真实的人性，那么，凡夫本身即是佛，这个世界本身便是净土。这就是禅的教义。

《般若心经》一书在最后说道："菩提萨捶，依般若波罗蜜多故。心无挂碍，无挂碍故。无有恐怖，远离颠倒梦想，究竟涅槃。三世诸佛，依般若波罗蜜多故。得阿耨多罗三藐三菩提……"这段话的意思是：菩萨觉悟之后，依照心经，心中没有碍。由于没有碍，所以不恐怖，远离一切颠倒梦想，最后达到彼岸。过去、现在和未来的三世诸佛，依照心经，得到无上、正宗、正觉的三种佛果。

"远离颠倒梦想"的意思是，如果懂得"心即是空"的道理，就会明白，世上所有的事物都是颠倒的。如果能够醒悟到存在于人的体内的纯净的心，就会明白，在这个变幻无常的世界，那种认为"唯独自我是永远的"的想法是错误的。

虽然现实是严酷的，但是，只追求快乐的做法就是颠倒的。自我本来就是不存在的，认为自我存在的观点就是颠倒的。这样，由于对一切事物都采用了颠倒的观点和看法，所以，不能发现永远的真实。

贪婪之心永远灭失，斥责之焰永远灭失，愚痴之焰永远灭失，是谓涅槃。

如是所言，贪婪之心渐渐地消失，斥责别人的心也渐渐地消失，愚钝的心全部消失，常以纯净的心生活在世上，这就是涅槃。只有这种涅槃的境地才是真实的。

另外，《般若心经》中说："三世诸佛。依般若波罗蜜多故，得阿耨多罗三藐三菩提。"这句话的意思是，三世十方的诸佛，都是因为遵照《般若波罗蜜多经》去做才得以成佛的。"阿耨多罗三藐三菩提"是梵文的音译，如果意译，则为"无上正等正觉"，是只有佛才能够有的能力。"无上"的意思是"最高""有尊严"的意思，"正等"是"相等""平等""普遍"的意思，"正觉"的意思是"正确的醒悟""发现真理"。换言之，被译为"无上正等正觉"的"阿耨多罗三藐三菩提"的意思是"醒悟到有尊严的、具有普遍性的人格"。

没有任何一件事物是永远的，世上处处是谎言，在这样的世界上，只有这样有尊严的、普遍性的人格才是真实的，只有这里才有真理存在。认识到这一点的才是禅。如果每个人都能认识到在每个人的肉体中都存在着真实的人性，那么，就会懂得这样的道理：世上没有任何一件事物是永远的，世上处处是谎言，而这样的世界本身就是真实的，生活在世上的一切、世上所存在的一切都是真实的。一个人只有在抛弃了自我之后才能真正醒悟，崭新的、美好的世界就会从得到了“处处是谎言，没有真实”的消极评价的世界中走来。

不是烦恼具足的凡夫，不是火宅无常的世界，烦恼具足的凡夫本身就是佛，火宅无常的世界本身就是一片净土。只有这样考虑问题的心才是禅。

没有任何一件事物是永远的。但是，如果要问哪里有永远的事物，那么正如“山花开似锦，涧水湛如蓝”这两句诗所说，山上的樱花在刹那间盛开，这样盛开的一刹那就是永远的。那美丽的樱花最终难免凋零，它凋落的那一刹那是永远的。溪流的水湛蓝湛蓝的，时刻不停地都在流动。

正像这样，在人们每时每刻都在变化的肉体中有真实的人性和真实的心，如果能够醒悟到这一点，就能够明白，人的每时每刻都在变化的身体本身就是永远的，真实的。

白隐禅师说：“此处即莲花国，此身即佛。”正如白隐禅师所说，这个现实的世界本身即是一片净土，人本身即是佛。醒悟到如此了不起的真实的就是佛法，就是禅，就是我们的临济宗。

亲鸾圣人生活在战火不断的镰仓时代，在念佛的过程中发现了真实，成了净土真宗的开山鼻祖。他不停地念诵“南无阿弥陀佛，南无阿弥陀佛”，他告诉我们，只有在念佛的过程中才有真实。我们临济宗认为，应当在人的肉体中发现有尊严的，永远真实的人，无论在任何时候都要醒悟到这种真实，过崇高的生活。这就是真宗与禅宗的区别所在。

亲鸾圣人在《叹异抄》一书中讲道：“亲鸾为了孝敬父母，至今每次回家均未说过自己已经念佛的事情。”换句话说，为了给已经过世的父母做佛事，他一次也没有说过自己已经念佛的事情。现代的年轻人闻听此言，就可能会说：“亲鸾圣人不够孝敬父母啊！”如果这样来理解亲鸾圣人的话，就大错特错了。为什么呢？因为，亲鸾圣人紧接着就这样说道：“其原因就在于，一切的有情，在于生生世世的父母兄弟，都在其后变成了佛。”这段话的意思是说，自己为了孝敬父母，每次回家均未说过自己已经念佛的事情，是为了出生以后就发生了变化，在一生之中终有一日会为人父母、兄弟的那些人，除此之外再无他人。自己应当早日成佛，拯救天下所有的人。

亲鸾圣人说："即使面对着牌位念佛也是毫无意义的，因此，没有必要称是为了已经故去的人念佛。现在活在世上所有的人都是我的父母，我的孩子，我的兄弟姐妹。已故的父母也许已经转世，生活在这个世界上。我应当去拯救所有的人。"

行基菩萨赋诗道："闻听山鸠啾啾鸣，宛若父母唤儿声。"如果在山中听见鸟鸣，就会想起自己已故的父母。一只小鸟不是也和人类一样有反哺之情吗？只要看见还活着的人，就仿佛看到了自己的父母、子女和自己。这就是佛教的观点。

"依依不舍父母情，雉鸡声声随我行。"松尾芭蕉的这首诗也可以说是咏诵这样的心境的。释迦牟尼佛一次也没有为别人举办过葬礼。有一天，出于万全的考虑，弟子阿难尊者询问释迦牟尼佛："释迦牟尼佛，当您圆寂之后，遗体该如何处理呢？"释迦牟尼佛回答说："我身后的事情尽管交由在家的信众来办。你们还是专心致志地修行吧。"释迦牟尼佛的意思是说，出家之人就不要挂念自己的后事了。佛教是不举办葬礼的。佛教的宗旨是拯救生活在世上的人。

日本重视葬礼是在孔子的思想——儒教传入之后的事情。按照儒教的说法，子女要为去世的父母服丧三年，并要举办父母去世一周年和三周年的仪式。当孔子的思想传播到了日本之后，开始有了七周年的仪式，甚至发展到了十三年、十七年、二十三年、二十七年、三十三年、五十年、一百年的缅怀死者的活动。

祭拜、供奉祖先绝不是一件坏事。但是，如果将其看成是佛教的规定就大错特错了。佛教的本意不在死者，而在生者。

亲鸾圣人说："我从未为供奉逝去的父母而念佛。"据说，他对身边的人说，自己死后，可以将自己的遗体扔到加茂川的河水里喂鱼。亲鸾圣人通过念佛实践了自己的信念：拯救那些来到这个世界上的迷茫烦恼的人们，使所有的人得到精神上的安慰并得到拯救。

东本愿寺的句佛上人唱道："祖师九十年衣衫褴褛，吾辈不胜惶恐。"

亲鸾圣人在29岁时成为法然上人的弟子，数年后，因《禁止念佛令》的颁布而被流放到越后，当流放之罪得到赦免又在关东地区开始了游走传教之旅，60岁后终于回到了京都，在布教的同时写作称颂圣德太子的御和赞，在求道的旅途中度过了自己的一生。据说，在90年的生涯中，他一直穿的都是粗糙的纸制袈裟，即使到了冬天也不穿棉衣。

他就这样粗茶淡饭，破衣烂衫，孜孜以求地求道念佛，所拯救的人不计其数。正如诗中所歌唱的那样："祖师九十年衣衫褴褛，吾辈不胜惶恐。"

1973 年适逢亲鸾圣人诞辰 800 周年。以东西本愿寺为首的净土真宗的各所总寺院隆重地举办了各种纪念活动。各位法主身穿节日的盛装，绛红色的法衣上面披着锦襕袈裟，在从全国各地赶来参加纪念活动的数万，数十万的信众的念佛声中，如今已经成佛的亲鸾圣人应当感到欣慰了吧。

[真正的自我]

一无位真人

以肉体的形式生活在这个世界上的自我的确是自己，这一点毫无疑问。但是，这里所存在的“真”是刹那间的东西，而非永远的东西。所谓永远的、真实的自我，一直长眠于这个肉体之中。

佛性无形、无姿、无色，位于人的心底。这种佛性与生活在现实中的肉体紧密地合二为一，真正的人生就在二者的结合之处。

下面讲述一个中国唐朝时候的故事。在现在的南京一带有一个名叫张鉴的人，他有个女儿名叫倩女。倩女有个表哥名叫王宙。在两个孩子还年幼的时候，张鉴经常这样说：“你们两个人青梅竹马，真可谓天生的一对。如果你们两个人长大以后成为夫妻该有多好啊。”张鉴当然没有把这

话当真，只是开开玩笑而已。但是，他的话却留在了倩女和王宙的心底，他们两个一直没有忘记。若干年后，他们两个已经长大成人，正当逐渐相爱的时候，开始有人向倩女提亲。对方在官府谋差，前途无量。张鉴很是喜欢，劝倩女嫁给这位官差。

倩女极力抗争，对张鉴说：“父亲，若是那样，岂不是违背了约定。”但是，张鉴早已将自己说过的话忘得一干二净。他不顾倩女的反对，强行令倩女完婚，终于纳那位官差为婿。而王宙也有娶倩女为妻的打算，所以受到的打击很大。某一天，他终于按捺不住郁闷之情，冲出了家门。他去了蜀地，决心隐居深山不归。

就在王宙一个人乘船沿江逆流而上的途中，突然看到江岸上有个人在拼命地奔跑。而且，那个人边跑边大声地喊。王宙心里想：这个人是谁呢？他将船靠岸后一看，正是倩女。

“闻听你离家出走，我也惴惴不安，所以，就从家里跑了出来。带我一起走吧！我们就远奔异国他乡，相伴终生吧！”

“太好了！我们就一起私奔，相亲相爱，终生相伴吧！”

就这样，两个人相伴赶到了蜀地。数年之后，两个人有了一个可爱的孩子。他们默默地注视着对方，这才想起了两人是离家私奔而来的。他们想，父母该多么担心自己啊！想到这里，思乡之情油然而生。夫妻两人商量道："我们连孩子都有了，我们的事情肯定会得到父母的允许的！"于是，就乘船沿江而下，踏上了归途。船到港后，王宙就让倩女和孩子在船上等着，自己先一个人来到了张鉴家中，向张鉴赔礼道歉道："我擅自离家，久无音讯，实在抱歉！实际上，我和倩女一起到了蜀地生活，还托您的福有了一个孩子。但是，我们无论如何也忘不了父亲大人。倩女和孩子现在在港口的船上等消息，身体都很好。看在孩子的分上，就请原谅我们此前的不孝吧！"

看到王宙低头道歉的样子，张鉴吃惊地说："胡说八道！倩女正在里面的房间睡觉呢。自从你离家出走以后，倩女整日在家郁郁寡欢，闭口不言，整日就像死人一样在家睡觉。倩女在我的家里，怎么会与你一起生活呢？"

"不，不是这样的。倩女的确是从这个家里离开，与我一起逃到外地了。她现在就在船上待着，我这就去把她接回来。"

"不可能的，倩女正在家里睡觉呢。"

"不，您搞错了。"

王宙返回港口去接倩女和孩子，然后回到张鉴家。照张鉴的说法正在里屋睡觉的倩女突然现身，当她与王宙带回来的倩女见面的时候，两个倩女嗖的一声合二为一了。

这是中国的古书中记载的一个故事，五祖法演禅师引用了这个倩女的故事，给大家提出了一个参禅课题。这就是《无门关》中所说的“倩女离魂，哪个是真的”。究竟在家中的郁郁寡欢、整日睡觉的倩女是真的，还是与王宙一起私奔、并生了孩子的倩女是真的？法演禅师给人们提出了这样的一个课题：究竟该怎样看待这个问题？

倩女的故事当然只是一个例子，如果要说的话，那么，在这个现实的世界中长大、结婚生子并为人父母、活生生的、以肉体的形式表现出来的自我是真实的自我，还是深藏在心底、在眼前无声无息地睡着、尚未觉醒的、释迦牟尼佛所说的佛性是真实的自我呢？哪一个是真实的自我？思考这个问题最多的就是佛教。

生活在这个世界上、以肉体的形式表现出来的自我肯定是真实的自我。但是，这里所存在的“真”是刹那间的东西，并非永远。而永远的、真实的自我，一直沉睡在肉体之中。无形、无姿、无色的佛性深藏在人们的心底。在佛性与生活在现实中的肉体紧紧地合二为一之处，才有真正的人生。

此时，成为主体的当然不是肉体。如果佛性觉醒，那么，佛性就会成为主体并开始使用肉体。佛性是永远的真理，唯有以佛性为主体，才能过上正确的生活，才能建设有意义的人生。

法演阐释借助于“倩女离魂，哪个是真的？”这个修禅课题向人们揭示了这样一个公理：唯独如此才是真正的人，真正的人生。

无形、无姿、无色，但是却存在。这就是实实在在地深藏在每个人心底的佛性。临济禅师将这个佛性称为“真人”。

“赤肉团上。有一无位真人。常从汝等面门出入。未证据者看看。”换言之，在每个人的肉体之中都有一个真实的人。这个真实的人无形、无姿、无色，没有姓名，不分性别。因为无形无姿，所以超越了时间和空间，没有生，也没有死。而且，既非洁净也非污浊，非善非恶，用人类的任何语言都是难以形容的，是一种绝对自由的、创造性的主体性。

深藏在人的心底的那个永远真实的人不仅深藏在人的肉体中，而且还会飞出外界，活生生地表现出来。“真人外出”的意思是，山还是那座山，海还是那片海，太阳还是那个太阳，月亮还是那个月亮，星星还是那个星星，马还是那匹马，狗还是那条狗，鸟儿、虫子、花儿，万事万物，都是自己而非他物。自不待言，人类全都是自己，应当这样领会，应当从那里涌出深爱。

认识到“如果向外，整个世界都是自己”，超越这样的空间和时间，自由自在地劳动，这种伟大的人格，就潜藏在每个人的内心。“未证据者看看”的意思是，尚未明白这个道理的人请先去弄明白这一点。临济禅师还说：“心法无形通贯十方。在眼曰见。在耳曰闻。在鼻嗅香。在口谈论。在手执捉。在足运奔。本是一精明。分为六和合。一心既无。随处解脱。”所谓“真人”，就是“无”。因为本来就什么都没有，所以，也没有痛苦。举例来说，就可以说是镜子一样的东西。即使火焰映照到镜子里面，镜子也不会烧坏，即使洪水映照到镜子里面，镜子也不会流动。正是因为什么都没有，所以，无论映照到什么，镜子都不会发生变化。这样，如果明白心就是“无”，就是“空”，那么，可谓天生就映照在镜子中的影子，也没有什么可喜的，即使死也是映照在镜子中的影子，也没有什么可悲的。无论是疾病还是衰老，都像映照到镜子中的影子一样，并非连“心”也得病了，衰老了。“心”永远都是洁净的。

临济禅师将这种永远不变的真实的心冠以“真人”的称号，如果这个“真人”醒悟了，那么，无论发生什么样的问题，都不会有痛苦。

《般若心经》中说：“能除一切苦。真实不虚。”如果能够懂得般若的智慧，换言之，如果能够懂得临济禅师所说的“真人”，那么，人即可从一切痛苦中得到解脱，在任何时候都可以以平和、永远的心境生活。而且，这“是真实的，不是虚假的”，绝无任何错误，决非谎言。这个道理是有确实依据的。

临济禅师说：“心法无形通贯十方。”所谓“心法”，即“心之法”。虽然每个人的心都是“无”，都是“空”，都是“无形”“无姿”，但是并非“虚妄”。那就是真实的自己，就是认识到整个十方世界的卓越的能量。

“在眼曰见。在耳曰闻。在鼻嗅香。在口谈论。在手执捉。在足运奔。”正是有了这样的功能，所以，才掌握了整个宇宙。不，不是“掌握”，而是整个宇宙纳入了每个人无形的心中。通过“眼、耳、鼻、舌、身、意”这“六根”，与“色、省、香、味、触、法”这“六识”相连，以此认识世界，创造世界。

无形的“心”通过“目”来观察所有的事物。观察太阳、月亮、成千上万的星星、大海、河流、山岳以及所有的生物。借助眼睛“看”的功能，我们好像看到了自己手掌上的东西，通过那里认识整个世界。

当“心”在“耳”时，便变成通过“听”这个动作去认识世界的功能。犬吠之时听到“汪汪”的声音，猫叫之时听见“喵喵”的声音，雀鸣之时听见“啾啾”的声音。既能听到电车奔跑的声音，也能听到飞机飞行的声音，自不待言，也能听到人说话。无论什么声音，都能通过耳来倾听。鼻子是用来嗅味的，嘴是用来说话的。人们通过语言传递自己的意志，吟诵诗词。人类发明了语言，并借助它相互沟通自己的想法，而这一点也正是人类的价值所在。

当什么也没有的“心”在手上的时候，就可以拿东西来创造东西。手可以提笔写字、绘画，拿起菜刀可以切菜，拿起筷子可以吃饭，拿起针线可以缝制衣服，拿起铁锹可以在田间干农活，拿起凿子和锤子可以干木工活，还可以雕刻佛像。操起方向盘可以开车，可以操作所有的机械设备。5个手指可以自由自在地活动，可以发明创造。

再者，由于腿脚承载着人们的身体，所以可以游走八方。人类发明了汽车、轮船和飞机，但是，它们都只不过是代步工具而已。人之所以可以去世界的任何角落，全是仰仗于腿脚。而且，人们有判断事物的心，真人产生了“眼、耳、鼻、舌、身、意”的功能。这就是人们相互之间真实的心。

释迦牟尼佛被称为“佛陀”，“佛陀”的意思是“醒悟者”，也就是说，释迦牟尼佛醒悟到了真实的人。释迦牟尼佛的真人与我们每个人身体中的真人别无二致，是完全一样的。如果要说有什么区别的话，区别就在于是否醒悟到了真实的人。

中国古代的梁武帝问达摩大师：“对朕者谁？”达摩大师回答：“不识。”梁武帝的意思是，正在与他对话的人是谁。而达摩大师没有说出自己的名字，回答说，不知道。那不是具有“达摩大师”的名字，而且有肉体的人。而是说，存在于那个肉体中、没有名字、没有姿态、不能用语言表达的伟大的、真实的人。所以，他才回答不知道。

我们应当醒悟到在任何时候都与世界融为一体、将无限的世界当作“我”的、如此伟大的真人，成为一个杰出的人，应当为创造和平的社会而努力，应当为创造理想的世界而努力。

听某公司的一位总经理说，最近新进公司的员工彼此之间不再打招呼了，即使遇到了总经理，连一句“早上好”的问候语也不说了。总经理没有办法，就自己主动向员工说：“早上好！”不知是问候到了第几次，终于有人回应他的问候了。这位总经理说，我不是在抱怨什么，只是，总觉得近来的年轻人好像没有说话的习惯了。

现在，环顾我们四周，到处都是机器设备。只要将钱塞进自动售票机，就会出来钞票，只要将钱塞进自动售货机，就能出来香烟、汽水，等等。自动售货机既不说“谢谢”也不说“早上好”。我们生活在被不说话的机器设备所包围着的世界中，难道连人也不说话了吗？我觉得，即使是遇到了不认识的人，也可以相互打一声招呼，说：“早上好！遇到你真高兴！”这正是人的价值体现。

松尾芭蕉在一首俳句中咏诵道：“秋日深几许，隔壁隐有劳作声。”松尾芭蕉曾经短暂地在位于京都的岚山一代的某个资助者的别墅中生活过一段时间。在那里，也许他眺望岚山的红叶，触景生情。我们不妨这样解读松尾芭蕉当时的心情：“看到美丽的景色的确幸运，但是，没有人说话，也确实有些寂寞啊。别墅在大概两条街的某个地方，那里生活着什么人呢？他们是年轻人还是夫妻两个呢？他们是干什么的呢？我看不到他们，也不知道他们具体在哪里，我虽然不能过去看个究竟，但是，如果他们能过来喝茶、说话该多好啊！在这样的日子里，我多么想见到邻居，跟大家一起坐下来说说话啊！”他的这种心情，可以用“秋日深几许，隔壁隐有劳作声”来概括了吧。松尾芭蕉的内心充满了人类之爱。

但是，现在，越来越多的人开始生活在公寓中，对邻居是什么人，在哪一家公司工作这些情况一无所知，即使居住了多年也很少打个照面，连搭过一次话也没有。全社会都已经陷入了这样的寂寞时代。

相互协商，交换意见是人的价值的体现。大量使用良性词语正是人性的体现。所以，在充斥着不说话的机器设备的世界里，人与人之间应当多说一些良性词语，对出现的问题进行友好协商。

我经常受邀到老人会去，我在那里经常说的话就是：人即使上年纪了也不能尽是游玩。

瑞典是众所周知的世界上最好的福利国家，但是，不知什么原因，据说也曾经是世界上老年人自杀事件最多的国家。因此，政府仔细研究过这个问题，其原因可能在于，福利设备过于完备，所以，即使什么都不干也能生活下去，生活的价值也就随之消失了。如果给老年人找点事情干一干，或许情况会有所改观。于是，就从南方运来了很多藤蔓，让老年公寓中的老人用藤蔓搞一些编织工作。老人们各显身手，根据自己的爱好纷纷编织出椅子、篮子、席子等物品，于是，他们的生活再次充满了生机和活力。老人们体会到了动手创造的快乐，纷纷提出创办义卖市场，将所得收入捐献给学校的想法。老人们可以为别人劳动了，心中燃起了美好的希望，于是，就没有人再自杀了。据说，截至目前，世界上老人自杀最多的国家变成了日本。由此，我提出了我的观点：日本的老年人什么事情也不干，尽是游玩，这样是不行的。只要还能干得动，还是干点什么为好。也可以成为孩子们的工作助手，打扫一下院子，种些花草。自己动手去干点什么，既能获得快乐，也能体现生活的意义。如果是身体不行了、手脚也不利索的人，也有适合卧床不起的人可以做的工作。不妨将31个文字排列起来创作一首短歌，创作一首俳句。你要相信自己能够写好，甚至可以创作出优秀的作品来。例如，不妨写一写类似这样的作品："今无一人来探视，何等寂寞何等苦""带着柿子来慰问，柿子味美心里甜""当下红叶正烂漫，躺在床上去不得"等等。可以将每天的所见所闻写成短歌，有感而发，不也很有趣吗？

如果不适合写作短歌或俳句，也可以用平易的语言搞点小创作。例如，护士、护工或妻子天天在照顾你，你也可以将自己的心情写下来，例如："谢谢！辛苦了！托您的福！"如果这样，无论是你自己还是照顾你的人，心里该有多高兴啊！

平易的语言里有平易的微笑。脸上经常挂着笑容的人就是菩萨。你不妨像奈良中宫寺的菩萨和世界名画"蒙娜丽莎的微笑"中的蒙娜丽莎那样经常把微笑挂在脸上。

再进一步来讲，即使不能用平易的语言写一些东西，也不能经常将微笑挂在脸上，我们仍然有其他的好办法。那就是念佛。即使卧床不起的人、牙齿都掉光了的人也可以在心中念佛。你寂寞的时候，可以念诵"南无阿弥陀佛"，你生气的时候也可以念诵"南无阿弥陀佛"，如果你无论身处何种境地都能一心念佛，你就能忘却一切寂寞、悲伤和愤怒，你的脸上自然就会面带微笑。

没有一个人什么都不愿意干。一个人只要活着就能干点什么，也应当干点什么。

我在老人会这样跟老年人交谈过，激励了这些老年人，但是，这些道理并非只对老年人管用。

“所谓禅就是无限的、创造性的主体性。”这是铃木大拙博士所给出的定义。正如我上面所讲的，如果能够醒悟到临济禅师所说的无位的真人，那么，这个真人就会成为你的眼睛、耳朵、鼻子、嘴巴和手足，就可以创造一切。可以创造出优秀的人、和平的社会以及理想的世界。虽然无形、无姿、什么也没有，但是，每个人的心中应当有这种创造性的主体性。

所谓的创造主或者造物主，并非胜过天的神。它其实就是每个人的心。唯独每个人的心才能创造出太阳、月亮和星星，才能创造出大海和高山，才能创造出世界上的一切，这是一种伟大的、具有创造性的主体性。真正的自由就在于这种创造性的主体性进行创造的过程中。古人说：智慧的火焰星星点点，创造的世界星火燎原。

无位的真人，换言之，佛心对人的肉体和充斥着烦恼的每个人进行矫正，首先将其变成一个优秀的人。然后再将一个个家庭治理好，最终建成一个美好的社会。

如果将整个世界看成自己的家，把整个人类看成自己的孩子，那么，就能建成没有公害、没有病人、没有战争的和平的世界。可以断言，唯有具有这种伟大的创造性的主体性才可以拯救现代混沌的黑暗，才能够拯救全世界。

[日本文化之父]

圣德太子往事

在明治维新之前，日本人视日照大神为父，视释迦牟尼佛为母，以孔子为兄长，大家生活、成长在一个非常温馨、祥和的家庭里。说这种高尚的精神教育始于圣德太子也丝毫不为过。神道、佛教和儒教三者统一于圣德太子的人格，这是圣德太子的伟大功绩。

1971 年是圣德太子去世 1350 周年，以奈良的法隆寺为首，有因缘的各个寺院举行了隆重的纪念活动。

人们所熟知的是，在日本，圣德太子是佛教兴隆的鼻祖，但是，如果将其一生中的伟大功绩一一列举出来的话，那么，只有他才称得上是日本的文化之父、日本的开国之父、日本的法制国家建设之父。

很多人都知道，在圣德太子年少时，他的叔父崇峻天

皇被一国民刺杀。为什么就连天皇也这么轻易地就被刺杀了呢？因为，当时门阀的势力比较强大，可以说，也没有能够对他们进行约束的法律。后来，圣德太子制定了十二级冠位（即“冠位十二阶”），颁布了《十七条宪法》，将日本作为一个官员制度比较完备的法制国家进行治理。这就是当时的时代背景。

这个姑且不谈，崇峻天皇被刺杀的契机是一个人向天皇呈献野猪。天皇当时只有 22 岁，血气方刚，看到野猪之后说道：“我想就像斩断这头野猪的脖颈一样斩断我不喜欢的人的脖颈。”天皇所说的不喜欢的人就是一个名叫苏我马子的门阀。苏我马子平日干涉朝政，整日牢骚满腹，根本没有将天皇放在眼里。所以，天皇说想将苏我马子的人头咔嚓一声砍下。

但是，苏我马子在天皇身边的女官中安排了探子。这个探子马上就去向他报告了相关的情况。苏我马子情绪激昂地说道：“他竟然如此口出狂言，虽然是天皇，留下也是祸害！”他的家臣就跑去将天皇杀害了。当将凶手缉拿归案后，问他为什么杀害天皇时，凶手这样回答道：“我只知道有大臣，不知有天皇。我认为日本最伟大的人是苏我大臣。难道天皇位在其上吗？”门阀的权威强大、皇室的力量衰微竟到了如此的地步。

于是，在崇峻天皇遇刺之后，应当即位的当然就是圣德太子了。但是，太子辞让了。他的想法是，如果自己成为天皇，就要不可避免地与马子进行争斗，说不定哪天就被杀了。与其这样，还不如多做些实实在在的事情，以避免人与人之间相互残杀的悲剧发生。于是，他就拥戴比较温和的叔母为天皇。这就是推古天皇，是日本的首任女天皇。而太子担任摄政宫的角色，在对以马子为代表的门阀势力进行打压的同时，帮助天皇推行开明的政治，一生勤勤恳恳。

在圣德太子的业绩中，最应当列举出来的是，公开引进佛教，并将其作为日本的国教。虽然佛教在太子的祖父——钦明天皇的时代就已经从百济传播到了日本，但是，在此之前，民间信仰佛教的比较少，就连皇室也没有皈依佛教。推古天皇三年（公元595年），太子降旨“全部皈依三宝”，史称“兴隆三宝敕令”，将佛教的经文赐予全体国民，而且，由圣德太子本人亲自给推古天皇讲解《法华经》、《胜鬘经》以及《维摩经》这三部经文。

《法华经》被称为大乘佛教的精髓，是一部重要的经典。印度被称为“胜鬘夫人”的皇后皈依佛教，在释迦牟尼佛的面前宣读了十条誓言，《胜鬘经》就是对这十条誓言的讲解。《维摩经》是印度的一位被称为“维摩居士”的在家的佛教徒讲解的佛经。

圣德太子按照这三部经书向推古天皇讲解佛教。为了讲解经文，太子又编写了《法华经义疏》《胜鬘经义疏》和《维摩经义疏》三部讲义。这三部经书的注释是经日本人之手编写的最早的佛教经书讲义，现存于宫内厅。到了后来，它们的副本传到了中国，又有人非常钦佩，并为其写了注释。可见圣德太子这三部经书的注释是多么的了不起。

太子还建造了四天王寺和法隆寺等寺院，为佛教的兴盛殚精竭虑，但是，也有人对太子的这一功绩不予认可。此人就是平田笃胤，他是幕府时代晚期的国学学者。他们对圣德太子提出了质疑：苏我马子指使家臣杀害了天皇，但是却未对苏我马子处刑，这岂不是咄咄怪事？而且，还指责说，佛教是外国的宗教，将它引进信奉神教的日本，简直就是国耻。如果不提出这种论点，也许不能取得倒幕运动的胜利并拥戴天皇，迎来明治维新运动。但是，这种观点却是错误的。

为什么呢？因为圣德太子绝没有对日本自古以来就供奉的神有任何不敬。太子尊崇日本的神，并认为神的教义与释迦牟尼佛的教义并不矛盾，而且从根本上是一致的。太子正是基于这一正确的信念引进了佛教。

有一种神器叫作八咫镜，它是由古代的天照大神所赐，由历代天皇代代相传，属于三种神器之一。日本神教的教义是：人们要像这面镜子一样保持一颗清净无垢、没有杂念、没有私心的纯净的心。神教仅仅说了保持一颗像镜子一样的心，说“不特意提起之道”，没有神学、没有哲学、没有思想。换言之，日本是一种不需要理论和道理的纯粹的民族。例如，神主手里拿着杨桐树枝，念诵着下面的祷文为人驱魔，来祈祷的人心情就会畅快起来：“说出口来也诚惶诚恐，伊邪那岐停在日向国的橘小门的阿波岐原，用水清洗身上的污秽和邪恶的时候，说道：“祓户的大神们，请把这诸多的灾祸消除，请把这无数的肮脏与罪恶统统铲除吧！还人们一个清净世界。为了让你们听到这个声音，我虔诚地一次次诉说……”的确，神话时代也许那样做就可以了。但是，如果人心一旦污染，造下了罪孽，那么用杨桐是很难清洗干净的。怎样才能将受到污染的人心清洗干净呢？释迦牟尼佛的教义给出了明确的答案。

所谓“镜子一般清净的心”，就是释迦牟尼佛历经磨难之后终于醒悟的心。释迦牟尼佛称之为“自性清净心”。其中，“自性”是指与生俱来的心，而所谓“与生俱来的心”乃是清净的心。这在佛教中被称作“大圆镜智”。巨大的、完整无缺的圆镜一般的智慧，唯独这样的大圆镜智才是日本神教中的神所说的清净的心。只有学习佛教，像释迦牟尼佛那样去修行，才能实现这样清净的心。

日本过去是一个没有思想的民族，圣德太子赋予了日本光辉的佛教思想，给日本国民指出了一条正确的道路。他说：“日域乃大乘相应之地也。”也就是说，日本应当成为大乘佛教兴盛的国度。

因此，天皇首先皈依了佛教，成了一位菩萨，太子本人也为了成为菩萨而不懈地追求。苏我氏、中臣氏及大伴氏等大臣也都成了菩萨。圣德太子公开将佛教引进日本，也许，他的理想就是让全体国民都变成菩萨，将日本这个国家建设成一片美好的净土。

为了使这种理想反映到政治上并最终得以实现，推古天皇十二年（公元604年）颁布了《十七条宪法》。《十七条宪法》用“以和为贵”这句名言开篇，与今天的宪法有着显著的差别。总之，圣德太子制定的这部宪法是日本历史上第一部宪法，成了国家和国民的基本行为准则。

现在，有的历史学家认为，以神武天皇即位的年份为纪元元年，将建国纪念日定为现在的2月11日没有确凿的历史事实作支撑，因此，持反对意见。但是，其中的是非姑且不论，我认为，不妨以历史上已经明确的推古天皇十二年的四月三日，即《十七条宪法》颁布的日期为日本的建国纪念日。此前的日本是一个传统的国家，神话的国度，只有从《古事记》和《日本书纪》这两本书中可以看到。可以说，正是因为有了圣德太子，以往没有文字，更没有历史记载的日本才成为了有文字、有历史记载、有法律的伟大的法制国家，作为亚洲的一个独立国家踏上了征程。

之所以说日本是“亚洲的一个独立国家”是因为，在制定《十七条宪法》之前，推古天皇八年（公元600年），派遣小野妹子出使当时正处于隋朝的中国，开始了外交。从在九州的博多发现的“汉倭奴国王”金印即可看出，以前的日本被视为中国的属国。日本相对而言是一个面积狭小的岛国，而打破了这样的主从关系，使日本变成与一个面积辽阔的大国平等的国家，堂堂正正地开始这样的外交的正是圣德太子。

太子以对等的立场开始了外交，其后也数次派遣隋使出使中国，积极地引进中国的文化。

最早引进历法这个概念就是在太子时代，尺子、秤这些器具可能也是在这时引进日本的。太子还制作了很多雕刻，例如法隆寺的主佛和药师如来等等，但是，在1972年的一场大火中，这些雕刻都被烧毁了。法隆寺的壁画也是太子绘制的。另外，日本还从中国引进了官僚制度，在推古天皇十一年（公元603年）制定了十二级冠位。这些措施抑制了此前执日本政治之牛耳的苏我氏和物部氏的门阀势力，规定了官员的官阶。另外还执行了一种选拔官员的制度，只要有才能，也可以从民间拔擢官员。

根据制度规定，这些官员分为12个等级，在“德、仁、礼、信、义、智”这6个官阶中分别冠以大小的名称，根据官阶的不同，官帽的颜色也分为“紫、蓝、红、黄、白、黑”这6种颜色，通过各种颜色的浓淡区分官阶的高低。这十二级冠位的6个名称取自儒家学说，太子不仅引进了佛教，还引进了孔子的学说。

神儒佛三道，换言之，日本的神教、中国孔子的学说以及印度的释迦牟尼佛的教义并不矛盾，三者所阐释的都是同样的真理。可以说，这里有东方的哲学和东方的精神，东方最高的文化基础也源于此。

通俗地说，在明治维新之前，日本人将日本之神视为父亲，将释迦牟尼佛视为母亲，将孔子视为兄长，是在极其温暖，祥和的家庭气氛中成长起来的。这种高贵的精神教育始于圣德太子，这样说并不为过。

有的学者认为，在太子的时代，基督教也已经传入了日本。这种说法的根据是，圣德太子年幼时的名字叫作“厩户皇子”。据说，太子的母亲在宫中巡视，恰好走到马厩前面的时候有了将要分娩的预感，因此，就在马厩中生下了太子，所以取名“厩户皇子”。但是，日本的贵族是不应当在马厩中出生的，而且，贵妇是不应当巡视皇宫的。很显然，那时，基督在马厩中出生的故事可能已经传到了日本。所以，为了祝愿这次出生的皇子也能像耶稣一样成为一名伟人，就给他取了“厩户皇子”的名字。

按照这种说法，圣德太子所建造的京都太秦的广隆寺在太秦地域内被称作“宇多野”，妙心寺一带有一条被称为“宇多川”的河流流过。太子采草药的地方是奈良的菟田野，这些名称全部模仿了以色列的犹大平原、犹大河的发音。

这种说法的真伪姑且不论，太子在世的时候，有一则故事可以证明基督的传说已经传到了日本。这个故事发生在太子骑着一匹小马驹外出旅行的时候。他看到了一个外国人因饥饿倒在了奈良的片冈山的路边。太子非常可怜他，立即下马将他抱起，脱下自己的紫色上衣给他穿上，并喂他喝水，吃东西。

太子旅行回来后，马上向近臣询问：“那个倒在片冈山的外国人后来怎样了？”

近臣回答："那个外国人已经死掉了，听说村里的人将他埋葬了。"

太子听罢言道："那可不是一般人，我要去他的墓边看看。"

太子到墓边看过以后，那个外国人的遗骸就消失得无影无踪了。而在那口棺材里，太子给他穿上的紫色上衣还完整地留在那里。

后来，就有一种说法，说那个外国人可能就是达摩大师，人们还在那里建造了一所寺院。这座寺院一直保存至今，就是片冈山的达摩寺。

但是，如果仔细想一下就会发现，达摩大师和圣德太子所处的时代还是稍微有些不同的。所以，这个传说应当是受到了基督传说的影响。

基督被钉在了十字架上面，最后升天了。但是，已经死去的基督还在传教，当局就觉得不可思议，于是就去将他的墓挖开查看，结果只看到了一件紫色的衣服。由此可见，基督复活的传说在太子的时代已经传到了日本。

无论是哪一种情况，都可以说，奈良县的皇家寺院——片冈山的达摩寺与圣德太子有关。

根据《日本书纪》记载，推古天皇十九年（公元611

年）五月五日端午节这一天，圣德太子带着很多官员外出采草药。采草药的地点就在前面提到的奈良的一处名叫菟田野的广袤的平原，每年一次的采草药，是一个固定的活动项目。

太子说："我们到这个平原采集可以药用的树叶和草叶吧。谁采得多就奖赏谁。"

太子言罢，身穿蓝色、红色和黄色等各色华丽的官服的官员们就散开到平原的各处采摘草药，在这里度过一天时间。对于当时来说，这也许可以称得上是一次快乐的郊游活动。太子就是这样对药学进行奖励的。

在经书中有个词叫作"应病与药"，也就是对症下药的意思。从道理上说，释迦牟尼佛根据精神方面的不同疾病分别讲经说法就可以了，但是，总有一个名叫耆婆的医生陪伴左右，可见，当时医学已经相当发达了。这种医学经过中国传播到了日本，可以说，这也是对圣德太子的奖励。

确实，只有圣德太子才能称得上日本文化之父，特别是神道、佛教和儒教借助于太子的人格而三道合一，成了日本民族精神的基础，太子具有不可磨灭的伟大功绩。

将这种传统的日本精神指责为"岂有此理"的是我在

本章的开头提到的幕府末年的平田笃胤的国学学者。他的观点非常极端："佛教是外来的宗教，因此，我们要砸烂它！日本有神道。况且，天皇本身就是神。天皇到寺院参拜外来的佛是国耻。砸烂寺院！烧毁佛像！和尚还俗！"结果，非常遗憾的是，在明治维新运动中出现了称作"废佛毁释"的激烈的排斥佛教的运动。

这场运动的结果是，一代代安置在皇室中的佛像和牌位等统统被移至京都的泉涌寺，佛坛也被从皇室拆除。而且，每年正月，高野山的高僧到宫中查看，举行护摩仪式，祈祷天皇健康的仪式也中止了，佛教的色彩彻底从皇室消失了。

就这样，明治维新以后，日本倒退到了圣德太子以前的神话国度。如果说这种神话的日本在其后干了什么的话，那就是，发展了欧洲的物质文明和科学，提倡富国强兵，最终走上了军国主义的道路。

日本接连在甲午中日战争、日俄战争和第一次世界大战中取得了胜利。因为日本是神国，所以就神风吹拂，得意忘形，宣称战无不胜。1931 年，大张旗鼓地举办了没有历史依据的纪元 2600 年的庆祝活动，并借势挑起了"大东亚战争"（编者按：日本对第二次世界大战时参战远东和太平洋战场的战争的总称），最终吃尽了战败的苦头。

战后，天皇发表宣言，否定自己作为“现代人世间的神”的地位，走下了神坛。而且，《日本国宪法》被废除，学校里不再允许读《教育诏书》，不再允许教修身课程。接着制定了新宪法，实行民主教育，日本的传统精神被根除，作为日本人的心的依据被消灭，直至今天。

造成这种局面的原因之一就是排斥佛教的明治维新运动。也许这一点正是幕府末期的志士们和明治时代的政治家们的重大失误。

自从圣德太子引进佛教以来，以推古天皇为首，包括奈良朝的圣武天皇、平安朝的桓武天皇以及建造妙心寺的花园法皇等历代天皇都要到寺院里去参拜，或者加入寺院积累学问，坐禅修行。天皇率先垂范，亲自为佛教的兴盛殚精竭虑。

圣武天皇说：“朕乃三宝之奴也。”这句话的意思是，他虽然身居天皇这个万人之上的最高地位，但是，自己作为一个人来讲却是佛法僧的家臣。他竟然如此深地皈依了佛教，拯救了三宝。换言之，日本的佛教源于皇室，1000多年来一脉相传，成了日本人的精神寄托。明治以后，彻底摧毁了佛教，因此也招致了日本的巨大失败。

我们如果回过头来想一下，要想领会日本的神所说的清净的心就必须学习佛教，必须坐禅。圣德太子最早向我们指出了这样的真理，的确是一位伟大的人。

[我为人人]

向今日之中国学习

一个人之生存成长，莫不仰赖于整体之襄助，单靠一己之力是活不成的。为所有的人活着，正是我的人生意义所在。所有人的快乐就是我的快乐，“一”本身就是“整体”，“整体”本身也就是“一”。领略到华严宗这一最具哲理的哲学命题者，就是今天的中国。当我们了解了中国的现状之后就会切身感到，这不也正是无所作为的日本佛教消亡的原因吗？

新中国成立前，我曾经去过那里四次。其中三次是在战争中，是去慰问部队的。

那时，我是这样激励官兵们的：“这场战争是一场圣战，目的是将欧美的侵略势力从亚洲驱逐出去。你们要不怕牺牲，英勇战斗！”我的这种说法好还是不好呢？对于

我以宗教界人士的身份协助战争的这一举动，我至今仍在深刻地反省。

战争终于进入尾声，部队的官兵们前前后后在所罗门群岛、瓜达尔卡纳尔、新几内亚、西伊里安等南方诸岛牺牲了。他们之中的大多数人是由于食物匮乏而饿死的，也有人是死于疟疾。在即将死去的时刻，他们该有多么痛苦，多么烦恼，多么悲伤啊！一想到这些，我就有去抚慰官兵们的想法。说是慰问，但结局都是一样的，不得不遗憾地说："你就去死吧。"抱着这样的想法，我每年都要到南方的岛屿上去为战争中的牺牲者慰藉亡灵。

下面讲一下我第四次去中国的时候的往事。那时，北京成立了一个名叫"佛教同愿会"的组织，1939年秋天，以常盘大定博士、大谷莹润先生为首的佛教会的众多知名人士前往中国，我是陪他们去的。

当时，日本和中国处于战争状态。在中国，作为日本方面的代表，天龙寺的关精拙管长发表了如下讲话："我们决不敌视中国，也不是为了侵略中国而来的。日本能有今天全都是托中国的福。特别是佛教，正是有了中国的前辈才得以传播到日本并得到普及。我们此次来华就是为了表达我们的谢意。我们是为感谢全体中国人民而来的。"

听了天龙寺的关精拙管长的讲话，以佛教同愿会的王一亭会长为首的中方人士感到非常高兴。

这次以后，我再次访问中国是在距今13年前（编者按：此文作于1974年）。我应中国佛教协会邀请前去参加玄中寺的落成仪式。代表团的团长是曹洞宗的高阶珑仙管长，各宗分别派出了一名代表，我也作为临济宗的代表受到了邀请，所以才一同前往。

第一次亲眼看到新中国，我感到非常吃惊。借助于教育，这个国家竟能发生如此大的变化。正因为了解以前的中国，我才会这么吃惊。我深切地感到，中国的革命不是一场政治革命，也不是一场经济革命，而是一场人的革命。

13 年前，我听说中国在搞灭蚊蝇运动，内心不是很相信。我这样想也是因为中国过去蚊蝇非常多，如果到饭店里看一看，苍蝇黑压压的一片，几乎看不见饭菜。如果慌慌张张地吃饭，可能会将苍蝇吃到嘴里，可是中国人已经习以为常了。他们反倒说，苍蝇多是因为饭菜香，苍蝇聚得越多就说明饭菜越香。尽管如此，在革命后，苍蝇却得到了消灭。我根本就不相信这是真的，但是，亲临当地一看，的确如此，我们这些外国人所经过的主要街道上一只苍蝇都没有。但是，我想，如果到背街小巷，会不会有呢？但是再仔细一想，如果背街小巷有的话，那么，就会飞到主要街道上来。还是应该相信，苍蝇已经得到了消灭。

不仅是苍蝇，据说，中国还消灭了老鼠和麻雀。鼠害是一个比较大的问题，即使在日本，如果遭受比较严重的鼠害的话，损失也可达到数亿日元。听说中国消灭了老鼠，我觉得这的确是一件了不起的事情。只不过，如果麻雀也消失了的话，中国那么辽阔的土地上，小鸟少了，人们可能会感到寂寞。但是，消灭了危害人类健康的苍蝇和老鼠，的确是了不起的成就。

在中国见到的最多的一句话就是“我为人人，人人为我”。这句标语无论在北京的大街上还是农村的白石灰墙上都可看到，写满了大街小巷。我感到非常钦佩，这就是中国所提倡的新道德。

社会上的每一个人都在为我工作。农民在田间挥洒汗水，那是在为我们生产食物；纺织女工加班加点地忙碌在织机旁边，那是在为我们生产做衣服的布料；卖菜的、卖鱼的，都是在为我们工作；就连街上行走的电车也成了我们的腿脚。所以，我为每个人工作，为答谢每个人而工作。我想，“我为人人，人人为我”所蕴含的意义也许正在这里。

可以说，这种新道德与佛教华严宗的“一即一切，一切即一”的哲学思想是息息相通的。我一个人之所以能够活在这个世界上，乃是仰仗所有人的力量。单靠一个人是无法实现的。为所有的人活着也是我生活的意义所在。所有人的快乐也就是我的快乐，所有人的伤悲也就是我的伤悲。换言之，“一”本身就是“整体”，“整体”本身也就是“一”。与华严宗的这个哲学命题相通的就在革命后的中国。

举行落成仪式的玄中寺位于山西省太原市西部的山中

（编者按：今位于吕梁市交城县），距太原市仅 30 公里。该寺院中曾经出现过净土教的三位大师，即昙鸾大师、道绰禅师以及善导大师。特别是对于净土宗和净土真宗等净土门而言，玄中寺是最重要的一所寺院。

当玄中寺荒废、伽蓝即将全部倒塌的紧要关头，常盘大定博士去了中国。他再三请求当时的国民政府无论如何也要复兴玄中寺，可情况没有得到丝毫改观。不过，新中国成立后，玄中寺得到了重建。

七堂伽蓝得到了新建，涂刷的颜色非常漂亮，玄中寺作为一所富丽堂皇的寺院获得了新生。我们就是应邀去参加落成仪式的。净土宗派出了京都博物馆的前馆长冢本善隆大师，西本愿寺派出了曾经担任参议院议员的永野镇雄大师，东本愿寺派出了时任京都产业大学总务部长的竹田照顺先生。这些与净土门有关的人士请日本的画家绘制了一幅画，并带着裱糊好以后装箱的昙鸾大师、道绰禅师以及善导大师绘画献给了玄中寺作纪念。

我在这个落成仪式上感到，禅宗和净土宗合二为一的宗教就是中国今天的佛教，中国的佛教徒既坐禅也念佛，而且还读“三不经”，与日本的黄檗宗极其相似。

在落成仪式上，中国佛教协会副会长赵朴初先生发表讲话说："佛教的理想就是庄严国土，利益众生。将这个世界建设成美好的世界、造福整个人类，这就是佛教的理想。今天的中国也把"庄严国土，利益众生"作为自己的理想。佛教的理想与政府的理想是完全相同的。因此，根据大多数人民群众的要求重建了玄中寺。政府为我们建造了一所宏伟的寺院。我们虽然不是共产党员，但是，却与现在的政府合作，一起工作。"

赵朴初先生虽然只是一位居士，但是，我听着他所讲的"佛教的理想与政府的理想是完全相同"的话时，想起了我国古代常说的"王佛一如"这个词。这个词的意思是说"天皇的政治与佛教是相同的"，如果中国也是"王佛一如"，那么确实是一件好事。

如果中国把"庄严国土，利益众生"作为自己的理想，把中国建设成为一个伟大的国家，让全体中国人民都过上幸福的生活，那么，这种做法本身就是佛教。如果中国的政治是如此开明的政治，那么，仅凭这一点我们就可以发出由衷的赞叹。

确实，就像玄中寺很好地得到了重建一样，我 13 年前第一次看到的中国的道路也建设得很漂亮。道路的两旁种植了漂亮的树木，人民大会堂、酒店等公共设施也都很漂亮，还建设了大量的学校和图书馆，据介绍，孩子们从幼儿园开始就接受免费教育。而且，以前的贫民窟全部被拆除，穷人都逐步住进了国家建造的公寓中。而且，每个人只要每年交一元钱（相当于200日元），无论何时、患上了什么疾病，政府都会免费给予治疗。在各个方面，中国都正在建设成为一个美好的国家，可以说确实是在实践着“庄严国土，利益众生”的理想。

印度虽然是释迦牟尼佛的诞生地，但是，仍未消除贫困。他们虽然讲解着动听的经法，却未消除歧视。新中国成立以后，贫民窟就消失了。世界上即使出现了基督，却未能消除病人的痛苦。而在新中国，病人都能得到治疗了。中国即使出现了孔子，能够接受教育的人也只有10%，但是，新中国成立以后，100%的中国人都能接受免费教育了。我在玄中寺的落成仪式上面听了赵朴初先生的讲话，不禁深切地感到，照此下去，什么也不做的日本佛教难道不会消失吗？

在我参加玄中寺的落成仪式6年后，我再次有机会访问了中国。

那一年适逢临济禅师圆寂1100周年，日本也举行了盛大的纪念活动，但是，临济禅师是中国人，中国至今仍然保留着与此有关的寺院——临济寺的遗迹。我非常想去为临济禅师扫墓，虽然有这个愿望，但在当时，只要没有人邀请，是去不了中国的。于是，我就给中国佛教协会寄去了一封信，信中说："我想到中国去，到临济寺去扫墓，贵会能否发出邀请呢？"很快，我就接到了回信："我会邀请10人前来。"

于是，在妙心寺、东福寺、建仁寺以及天龙寺的4位管长的基础上，增加了花园大学的荻须教授和木村教授，我们6个人一同前往，所组成的代表团共计10人。

当时，东本愿寺的大谷莹润大师前来为我们一行人送行，就各种注意事项、中国的情况等给我们做了介绍："现在，中国没有小偷，所以，东西放在什么地方都不必担心。你们尽管放心地去吧。我上次去中国的时候，把墨水已经用完的圆珠笔和一个空药瓶留在了北京的酒店里，他们就一家挨着一家酒店查找，将这些东西作为遗失物品给我送到了所住的酒店里。中国人对别人的东西的重视竟达到了如此的程度。所以，如果是不要的东西，没有向服务员说清楚，他们就会追上你给你送来的。"

对他说的这番话，我也是将信将疑的。以前的中国可以说到处都有小偷和乞丐，东西刚一放下可能就会被人偷走。曾经如此的中国竟然连小偷也消失了。中国究竟是推行了什么样的教育才达到了如此的境界呢？我抱着疑问去了中国。

这件事发生在我们游览了杭州，到达北京的酒店之后。我们接到了一个从杭州打来的电话："有一顶日本和尚戴的帽子落在了我们这里。我推测可能是你们这个代表团的。因为你们马上就要用，所以，我搭乘明天早上的飞机给你们送去。如果不是你们的，我就先保管起来，请你们回来时顺便把它带回日本。"那顶帽子是建仁寺的管长丢失的茶夫帽。中国人捡到了僧侣的帽子，可能也没有什么大不了的，但是它的确属于遗失物品，谁也不会将它据为己有。中国人的思想境界已经达到了如此高的地步。这的确是很了不起的教育，这样的国家在全世界哪里还可以找得到呢？

下面讲述一下我们在中国发生的另外一件事情。因为来之前别人告诉我，在中国的酒店，不锁房门也不必担心被盗，所以，我没有锁门就外出了。等我回到酒店以后，发现房门锁上了。我就向服务员询问。服务员这样解释道："虽然中国没有小偷，但是，我们酒店住了很多外宾。我们不敢保证其中没有小偷，为了慎重起见，就把房门锁上了。”这话听起来，好像我们这些人也是防备的对象，但是，即便如此，我心里还是没有想明白，他们是如何进行如此了不起的教育的呢？

第一，中国人的相貌不同以往了。新中国成立前，90% 中国人是文盲。这样说可能不太好，但是，他们看上去呆头呆脑的，一副散漫的表情。但是，新中国成立后，人们从幼儿园就开始接受完整的教育，所以，看上去很严肃。举个也许不恰当的例子来说，就像战争中报名参加特攻队或海军飞行预科练习生那样的青年的表情，洋溢着爱国的热情。从这样的表情、行动、姿势就可以看出，今天的中国人已经发生了彻底的改变。仅从这一点来说，中国的革命是很了不起的人的革命。

这个暂且不谈。当我们的代表团到达北京机场后，大约 30 名身穿法衣的和尚手持花束到机场欢迎我们。我们在机场的休息室做短暂的休息，这时发生了一件事情。妙心寺的管长对中国方面被称为最伟大的和尚的巨赞法师说了这样一番话：“任何政治家都有精神方面的烦恼。毛主席年事已高，所以，我想他也会有很多烦恼。对于这种精神方面的烦恼，你是宗教家，应当进行拯救啊。”

这时古川大航师父已经 93 岁，在日本战败之前一直在北京的妙心寺布教，所以，一直很怀念中国。他说：“请你们一定要带我去一趟，这样我就死而无憾了。”所以，这次他也一起来到了中国。他之所以这么说，大概是听说中国对宗教持否定的态度。

我们这些人也想听一听对方将会作何回答，于是就专心致志地听对方回答。巨赞法师当即就明确地做了回答：“毛主席的心中只有人民，所以，没有一丝一毫自己的烦恼。”

我听罢此言，心里想：这可能就是所得的唯物论吧。我对唯物论没有研究，但简单地说就是，世界上没有神，没有统治世界的神，观念方面的精神论是没有意义的，形成现实世界的是物质。这些观点大概就是唯物论。

推动现实世界的基础确实可能是物质。人本身也是由物质形成的，人所具有的精神是了不起的、崇高的、有尊严的。这是一种忘我地热爱人类的伟大精神。如果说有统治这个世界的神或佛，也必须对他们进行否定，这是人类本身所具有的伟大精神。

释迦牟尼佛出生时，右手指着天，左手指着地，说：“天上天下唯我独尊！”释迦牟尼佛告诉人们的道理是：天上没有统治人类的神，地上也没有使人堕落的恶魔。唯有有肉体的人类才是有尊严的。

13 年前，赵朴初先生说："佛教的理想与政府的理想是完全相同的。"我深深地感到，赵朴初先生此言的原点也正在于此。

毛主席语录中有一条是"先公后私"，我想，这与我们日本人在战争中所说的"灭私奉公"是一个意思。

但是，在日本的"灭私奉公"这个词条中，并未对"什么是公"这个问题明确解释。我们不明白所谓的"公"指的是什么人。人们不明白它究竟指的是天皇还是国家，但是，由于是在战争中，人们就将其理解为"合作"的意思，为了战争，即使吃苦受累也要相互合作。换言之，日本的"灭私奉公"这个口号纯粹是为战争服务的。

中国就不是这样。"先公后私"中的"公"指的是人民，也就是生活在社会上的所有的人。这样，"先公后私"的意思就是，舍弃自己的利益，为社会上的每一个人做出贡献。这就是我 7 年前所亲眼见到的中国的道德。我觉得它简直就是一种宗教。

正如本篇开头所说，在 13 年前的中国，是一种"人人为我，我为人人"的道德环境。其意思就是，我为每个人工作，每个人都为我工作。在这个意义上，"我"与"人民”是对等的关系。在 7 年以后，人们的道德标准得到了提升，把大家的事情放在前面，把自己的事情放在后面。这实际上就是佛教所说的“众生无边誓愿度”。

与中国相比，日本的佛教徒究竟为国民做了些什么呢？

如果只是为葬礼和法事服务的话，就不需要佛教了。如果只是一个人醒悟，为人解说晦涩难懂的经典，那么，佛教就只不过是一种观念方面的游戏而已。而且，在战后，抱着“我只为我自己活着”的观念的日本人越来越多了。这样发展下去是不行的。

中国人民每个人都祈愿人民的幸福，我认为，日本的佛教也应当醒悟到这种感谢和奉献的精神，并将其付诸实践。

在今天的中国，“学习班”成了人们街谈巷议的话题。无论什么工厂的大人物或大学教授，每五年都要参加半年时间的学习班。早上和晚上是学习时间，白天参加劳动，像普通的老百姓一样下地耕田，锻炼自己的精神。大学生也是一边在校办工厂或农场参加劳动一边读书。将学习到的知识付诸实践，经过实践检验后再去深化自己的学习。在中国，每个人都是这样做的。

我觉得这种学习班与日本的禅堂比较相像。禅说：“一日不做，一日不食。”意思是说，一边坐禅一边参加劳动，一边参加劳动一边坐禅，在不劳动的日子里，自己就不吃饭。我认为，禅的这种精神正在今天的中国的教育中焕发着勃勃的生机。

每个人都醒悟到崇高的精神，为全人类做出自己的贡献，这就是佛教的思想。而且，首先要唤起自己的菩提心。所谓“菩提心”，就是一种“自未得度先度他”的精神境界，就是发誓“从今天起将自己的一切奉献给人民，奉献给社会”。如果这样发誓的话，就与说出“初发心时便成正觉”，在发誓完了以后开悟是同样的精神境界。这是因为，如果一个人开悟了，那么，感谢人类并为人类做出贡献就会成为他唯一的选择。

我深切地感到，禅就是醒悟到这样的一种崇高精神并将其付诸实践，特别是在实践的层面上，我们能够多多地向今天的中国学习。

[日本之心]

神道与佛教

没有关于神的概念和哲学，只默默地感恩，不假思索。这就是日本人。像镜子一般没有污点、没有杂念、无私的心就是日本之神的心。但是，这种清净的心是一种什么样的心？怎样才能拥有一颗镜子般纯净的心？我认为，佛教应当对这些问题给出明确的答案。

1972 年和 1973 年春天，我去了两次冲绳。

当时虽然冲绳已经回归了日本，但是，仍然保留着大片的美军基地，高高地架设着结实的铁丝网。在地势最高的地方建有一排排美军军官驻的房子。自不待言，日本人是禁止入内的。因此，在战后，被从这片土地上赶走，祖坟还留在基地里面的当地居民在盂兰盆节只能隔着铁丝网祭拜祖先了。每当 B29 轰炸机起飞的时候，冲绳人的神经就会受到刺激，这是他们最难以承受的。

一位在日本一所高中任教的冲绳人1972年在《朝日新闻》的“人”栏目撰文写道：“在冲绳回归日本之前，我对自己说：冲绳是日本的，我是日本人。为了更广泛地了解社会，我一直努力打拼到现在。虽然还有很多的愿望没有实现，但是，不管怎样，1972年8月15日，冲绳终于回归了本土，我也毋庸置疑地恢复了日本国籍，我多年来真真正正地成为一名日本人的愿望终于得到了实现。但是，刚一想到这里，我就又重新审视这样的一些问题：究竟什么是日本人呢？怎样活着才是日本人呢？今天的日本人可以称得上是真正的日本人吗？”正像这位高中老师所提出的问题，从1972年开始，日本的报纸杂志从各个角度重新探讨“所谓日本人指的是什么”的问题。在海外从事各种工作的人发表了自己的看法。据书店方面讲，《日本人和犹太人》这本书最为畅销。我认为，这些问题是让日本人重新来思考“所谓日本人指的是什么”这个问题的一个良机。

在战争中我有三次到中国慰问部队官兵的经历。我也去了野战医院之类的地方，所有的野战医院都存在病床不足的问题。负伤的官兵甚至在走廊上躺着，满脸痛苦的表情。在我慰问完这些负伤的官兵准备返回时遇到了医院的

けふよりは
おさな
こゝろに
たちかへり
たゝやゝと
ゆみ
わらひて
くらさむ

院长并向他打招呼，得到的回应是无论任何时候都能听到的话语。

院长对我说，按照规定，日本的官兵在牺牲之前都要喊“天皇陛下万岁”，但是实际上并非如此。确实，也有官兵按照规定做，这也是事实。在前线发起冲锋时，有的战士中弹以后，也以具有冲击性的气势高喊“天皇陛下万岁”，挺起胸脯倒下了。但是，有很多战士是在受伤或患病后被抬进野战医院的。在这些战士中，有的久治不愈，病情也越来越加重，在咽下最后一口气的时候，没有哪一个会拿出好的姿势去喊“天皇陛下万岁”的。无论是年轻的士兵还是年老的战士，最后的一个词都不约而同地是“妈妈”。这个词无论去哪个野战医院都能听得到。

还有一个与之类似的例子。这是一个花园大学的毕业生应征入伍去中国以后的体验。他作为卫生兵在野战医院中服役。一个住院的战士眼看就要不行了，就向他请求道：“日本在哪个方向？在我死之前，请将我的脸和腿脚朝向日本所在的方向。”他全身蜷缩在一起，仿佛祈求似地改变了身体的方向，然后，似乎是心里感到踏实了，只说了一声“妈妈”就闭上了眼睛。

我想，在人临终前喊出的话语中，“妈妈”这个词也包括了父亲、可爱的妻子以及孩子的名字。但是，在许多战友枕头挨枕头地睡在一起的时候，还是不能喊妻子的名字的。所以，在“妈妈”这一个词中也许囊括了人临终前的很多想法。

战败之前的日本人虽然不是从关岛回来的横井庄一，但是却信仰以人神形象出现的天皇，信仰、思念着自己的母亲。但是，在战败后，日本人连天皇也不相信了，连自己的母亲也不相信了，什么都不相信了。虽然经济获得了高速发展，物质变得极为丰富，但是，人们的精神却变得极度贫乏，人们的心找不到一个安家的地方。以前的日本人即使不知道日本的神，不懂佛教的教义，却仍然有天皇和母亲可以相信。但是，今天什么都不相信了，甚至连自己的母亲也不相信了。

最近，我收到了一封姬路的小学女教师的来信，信中写道：“我在学校教一年级。我恳切地教育班上的孩子们：‘你们的妈妈整日为你们操劳，她们是多么爱你们啊，你们不应当忘记母亲的恩情。’突然，一位学生起立，向我提出了这样的问题：‘可是，老师，最近不是有的母亲将婴儿杀死后抛弃了吗？’学生这么问我，我变得垂头丧气了。如果孩子对母亲的爱也产生了怀疑，那么，我们的品格教育将难以为继了。”这位老师在信中发出了由衷的感叹。但是，一个人至少应当相信自己吧。如果要这么说的话，那么，如果人连自己也不相信了，没有什么足以让人相信的，人们生活在这样瞬息万变，动荡的世界里，就会产生一种不稳定感。人人都无奈地变得神经衰弱了。这难道不是今天的日本的真实写照吗？ 因此，我认为，日本是一个非常纯粹的，没有思想的民族。

西行法师去伊势神宫参拜时咏唱道：“何事之有浑不知，感激之至泪满襟。”我想，这是一首日本人都可以理解的优秀和歌。但是，如果稍加思索，就会发现这是一首最没有思想的和歌。

这首和歌的意思是，看到伊势神宫茂密的森林，不知里面是否有神。什么是神呢？这个我也不知道。虽然我什么都搞不明白，当我望着森林双手合十时，心中就会感激之至，满眼热泪滚滚，开始抽泣起来。从中我们看不出任何关于神的观念或哲学。可以说，只有直截了当地表现漠然的感激之情，无论有多么纯粹，却没有思想的日本人。

在正式名称为《大日本帝国宪法》的明治宪法里规定：“天皇神圣不可侵犯。”但是，天皇为什么是神圣的？谁也没有告诉我们。讲道理是没有用的。“神圣不可侵犯”

就是“必须绝对服从”的意思，是不能问为什么的。在这个意义上，可以说，明治宪法类似于一种极其朴素的原始宗教。而且，日本民族不是纯粹到了老老实实地服从的程度了吗？

曾经发生过这样一件事情：在以色列的特拉维夫机场，三名日本赤军派的学生用自动冲锋枪杀伤了近百人。三人中有两人当场自杀，只有冈本公三被活捉。

此次事件发生以后，世界陷入了恐慌之中，有人指责说：“日本人真是奇怪！”究竟有什么仇恨使他们不分青红皂白地射杀这么多的平民呢？如果说射杀行动具有正义性，他们为什么要当场自杀呢？活下来，贯彻自己所信仰的思想，并将其推广到全世界，这样做不是更好吗？日本人真是奇怪。这就是当时的世界舆论。我对这些说法持相同的态度。

后来，冈本公三受到了审判，根据当时的供述等材料来看，他自己并没有什么思想。他虽然盛气凌人地声称革命，但是却连马克思的《资本论》也没有看过。尽管如此，他仍然声称是为了革命才去杀人的，简直是一派胡言。如果想一想被杀害的人，冈本公三这种人简直是死有余辜。

总之，如上所述，可以说，这种极端的事件不正是极其纯粹，立即产生感激之情，但是却没有证明这种行动的确实的思想的日本民族的精神特征的反映吗？

古时，天照大神赐御镜时说：“每当你看到这块御镜的时候就要想起我。在同一个神殿的同一个房间中进行祭奠，要把你的心清洗得像这块镜子一样。”这就是日本的神对日本人的教导。

但是，我的看法是，这个故事并非就镜子这个物体本身就事论事的。因为天照大神是个女人，有一块镜子就是再平常不过的事情了。但是，她不会说“这块镜子我已经使用了多年了，你拿去照照自己吧”这样的话。镜子般清净无垢，没有杂念、没有私心的纯净的心就是神的心。因此，天照大神赐御镜的本意是说，当你看到这块镜子的时候要想起身的心，要净化你自己的心。

从此以后，历代天皇就在同一个神殿的同一个房间中进行祭奠。但是，当疫病流行、很多人死掉的时候，第十一代垂仁天皇说：“这是我的不德。像我这样没有德的人如果与御镜生活在一起，会招致很多灾难的。”于是，就将这块御镜移放到了伊势五十铃川河畔。这就是今天的伊势大神宫的起源。

可是，日本之神所说的清净的心是一种什么样的心呢？怎样才能具有镜子般清净的心呢？亲鸾圣人说自己“罪恶深重，烦恼具足”。他说：“三世诸佛看错的恶党就是我。”怎样才能拯救这样的恶党呢？只有佛教给出了明确的答案。我想，圣德太子为佛教的兴盛殚精竭虑，并亲自给推古天皇讲解佛经，原因也正在于此。

祭祀推古天皇的佛像的佛龛叫作彩虹色佛龛，现在作为国宝安置在法隆寺中，佛龛的底座上面绘制了两幅画，名称分别是“雪山求法图”和“舍身饲虎图”。其中，“雪山求法图”也被称作“施身闻偈”，所表现的内容是雪山童子的故事，他立志毕生追求永远的真理，并将真理留给后人。“舍身饲虎图”所描绘的是一位菩萨的故事，他为了挽救饿倒在路边的老虎母子的生命而献出了自己的身体。

这两幅画被绘制在推古天皇每天都要双手合十祭拜的佛像的佛龛上面绝非偶然。这也许是圣德太子指使画家绘制到上面的吧。换言之，圣德太子是通过这两幅画告诉日本皇室应该怎么做的。

日本的天皇不仅仅是一个统治者，也不仅仅是一个权力者，还应当是一位伟人，有一颗镜子般清净的心，将百姓的痛苦当作自己的痛苦，把百姓的伤悲当作自己的伤悲，时刻将国民放在心上，可以为国民献出自己的生命。

只有成为这样的菩萨，才能完成“御神敕”中所说的神圣使命：“有丰苇原千秋五百秋瑞穗之地，宜汝往修之！”太子让人在佛龛上面绘制这两幅画所揭示的也许就是这个道理吧。

菩萨人数众多，有观世音菩萨、文殊菩萨、普贤菩萨及大势至菩萨，他们都留着长发，佩戴着耳环和项链等首饰。也就是说，他们并未出家，而是在家以菩提心开导众人。所谓“上求菩提，下化众生”，就是说自己无论身居何处都追求高尚的人性，在修行佛法的同时，他的生活就是为人类做贡献，将自己的一生奉献给社会。发誓做到这些的心就是菩提心。

正如《法华经》中也指出的那样，“资生产业，皆与实相不相违背”，在对现实的社会生活进行管理的工作之中就有佛教。所以，在弘扬佛教的同时可以从事政治、经济及产业活动。如果所做的一切是为了所有的人，是为了整个社会，那么，这个人就是菩萨。因此，政治、经济、产业本身就是菩萨道，是在实践大乘佛教的教义。

圣德太子皈依了佛教并对佛教进行研究，但是并未剃头。因为他将在家以摄政宫的身份行菩萨道作为自己的理想。所以，天皇本身就是菩萨，他所进行的政治活动本身就是佛教，若是如此，每一个国民也都将变成菩萨。

我认为，日本就是将成为这样的一个国家作为自己的理想，这就是长期以来在日本人的心中所培养起来的日本的精神。

下面介绍一件 1973 年天皇满 70 岁时的故事。某报社的记者在那须的皇室别墅中采访天皇，问道："在这 70 年中，什么事情给您留下的印象最深？"据说，天皇是这样回答的："与麦克阿瑟的会见。"

我读了这篇报道，感到天皇所讲述的都是一些正直的观点，所讲述的事情都是真实的。

天皇与麦克阿瑟的会见发生在 1945 年 9 月 27 日。据说，这天的会见之所以能实现，是因为天皇本人提出"想见一见麦克阿瑟"。

在战败前夕，天皇的正式着装是陆军或海军的大元帅服，但是，当天，天皇穿的却是一件旧晨礼服。他仅带了一名随从，在去会见麦克阿瑟的路上不断地查看着由于空袭而变得满目疮痍的东京街头。但是，在大门口迎接天皇的只是参谋和副官，麦克阿瑟穿着一件衬衣在房间里等候。

简单地进行了初次见面的寒暄之后，天皇这样说道：

“此次战争的最高责任人是我。政治家和军人都是依照我的命令行事的，因此，他们没有任何罪责。所以，我今天来见你，是因为有一事相求。我愿接受任何处置。但是，现在，日本粮食非常匮乏，我请求对日本进行粮食援助，以确保八千万日本国民不饿死。这就是我的请求。”

天皇说完就将所带来的包袱递交给了麦克阿瑟。里面是天皇的私有财产目录。这时，天皇已经舍弃了自己的命运和财产，一心只想着国民的生活。

麦克阿瑟对此感到很吃惊，一改此前傲慢的态度，遣词也变成了最高级的敬语。在天皇告辞的时候，还亲自将天皇送到了大门口，郑重地请天皇上了车。

无论哪个国家，当战争结束时，战败国的皇帝申请会见战胜国的将军都是因为要去行贿，请求减轻自己的罪责。所以，麦克阿瑟想，这次天皇来见他必定也是如此。但是，日本天皇对军人和政治家进行庇护，把所有的战争责任都揽到了自己身上，而且还舍弃全部财产，想以此为国民换取粮食。所以，自从这次会见以后，麦克阿瑟的观念发生了重大转变，极力拥护天皇，这种转变也是可以理解的。

麦克阿瑟说：“日本天皇是一位伟人。在日本不能取消天皇制度。”为了宣布天皇无罪，他一定做出了相当大的努力。虽然不久麦克阿瑟就回美国了，但是，据说，当他见到日本人的时候经常谈到他与天皇会见时的情景。天皇也说，这也是自己感触最深的一件事情。

那时，天皇是冒着生命危险去为国民请命的，确实做好了死的准备。这不是一种政治姿态，他是要以自己的生命来拯救国民。正因为如此，才打动了麦克阿瑟。这恐怕是一件他终生难忘的事情。

但是，我们不禁要问：天皇的这种思想究竟是从哪里产生的呢？不是来自日本神话，而是来自佛教，产生于由圣德太子引进的大乘佛教。我想，彩虹色佛龛上面绘制的两幅画“雪山求法图”和“舍身饲虎图”中所表现的菩萨道思想在皇室中流传至今。

假使如此，明治宪法中明确记载的“天皇神圣不可侵犯”的规定的本意也许在于：因为天皇醒悟到了人性最为清净的心，所以神圣不可侵犯。时时刻刻为国民考虑，在紧急关头甘愿为国民献出自己的生命，唯独这样的人才是神圣的。天皇在与麦克阿瑟会见时实践了菩萨道，所以，可以称得上是真正的菩萨。

今天的宪法中规定：天皇是日本国家的象征。天皇不再拥有政治权力，也不再是统治者。但是，日本是放弃了战争权的国家，根据宪法第九条的规定，是放弃了所有的武器的国家。如果我们问：这节省下来的一大笔国防费用开支是否用到了社会福利事业上面，那么，恐怕政府也应该对其施政方针做些修改了。我想，这也正是全体日本国民的愿望。

历代天皇借助于佛教思想醒悟到了日本之神所说的清净的心，并对国家进行了治理，应当为全人类和世界和平起到示范作用。这就是日本的国家象征——天皇的存在方式，天皇的这种存在方式本身也应当成为日本民族精神的象征。

[我是谁]

父母未生以前的面目

在父母生下自己之前，自己什么样？不辨东西之际，自我是什么？古希腊有一句名言叫“你不知道自己”，而禅则从源头上探究人存在的本质，显然更加深刻。

我是什么？本来的自己又是什么？明确地醒悟到这些问题可以说是人生最为重要的基本问题。

中国古代有一位著名的禅僧名叫香严。据说，当香严寻访到一位名叫沩山的和尚并入门后，沩山和尚说了这样一番话：“听说你闻一而知十，问十而答百，非常聪明，是当代少有的博览群书，过目不忘的贤才。我想问你一个问题，请你回答我。”

沩山和尚所提的问题是：“汝未出胞胎、未辨东西时，本分事试道一句来。”换言之，在从娘胎中生下来之前，还分不清哪个是西、哪个是东的时候，你是什么样的呢？

香严是很聪明的，刚开始时是这样回答的：“在从娘胎中生下来之前，还分不清哪个是西、哪个是东的时候，我就是‘空’。”

听了香严的回答，沩山和尚说：“你所回答的，是《般若心经》上面写的。我想要听的并不是你在书上读来的，并不是想听你讲经书或古代的祖师所写的佛教理论。如果那样的话，我自己看书就可以了。我要你自己思考，用你自己的话回答我。”

听了师父的训示，香严经过再三考虑，说出了其中的道理：“在从娘胎中生下来之前，还分不清哪个是西、哪个是东的时候，我就是‘无’。”

“这是《无门关》中写的。用你自己的话回答我。”师父这么一说，香严就什么也回答不出来了。

最后，香严向沩山和尚请求道：“我已经回答不上来了。在从娘胎中生下来之前，还分不清哪个是西、哪个是东的时候，我究竟是什么样的人呢？请师父指教。”

“如果告诉你的话，那就成了我的话了。用你自己的话回答我。”沩山和尚只是一个劲地追问，不告诉香严答案。

香严在此之前也经过了长年的修行，累积了一定的学

问，自认为一般的问题都能回答上来。可如今，就连沩山和尚的这样一个问题也回答不上来。想到这里，他感到之前自己作为一个和尚摆出一副盛气凌人的样子是十分可耻的，到哪里去做一个做饭的和尚倒是适合自己。于是他就将记录了经文和祖师的话的笔记本全部烧掉了。正如传说中所说的那样，“香严哭着从沩山和尚所在的山上下来了”。

后来，香严进入位于南阳的白崖山，当了一名扫院和尚。白崖山有古代的慧忠国师修行的遗迹。香严每天在那里打扫院子，打算就此了却自己的一生。但是，沩山和尚所问的那个问题总是在脑子里挥之不去。

“在从娘胎中生下来之前，还分不清哪个是西、哪个是东的时候，自己究竟是什么呢？”他日复一日地思考着这个问题，不知打扫了几年的院子。

有一天，他一如既往地将扫到一起的垃圾和落叶盛入竹筐，拿到远处哗啦一声就倾倒掉了。似乎有一块瓦砾混入了垃圾中，碰到了青竹后发出了一声清脆的声音。在听到这个声音的一瞬间，香严突然开悟了。

瓦砾碰到青竹后发出了一声清脆的声音。当他想去听的时候却不是刚才听到的声音。不知是青竹，还是瓦砾，抑或是瓦砾碰到了青竹，他确信自己听到了一声清脆的声响。唯有听到了那一声清脆的声响的我才是在母亲腹中的时候的原本的我。在我还分不清哪个是西、哪个是东的时候听到了这个声音。那就是真正的我。香严悟出了这个道理后，喜不自禁。他立即斋戒沐浴，点燃了一炷香，遥望着沩山和尚所在的方向，不停地叩拜，感谢师恩。他边叩拜边说："师父，谢谢您！您一直坚持到最后，都要让我用自己的话回答，并最终抛弃了我。从此以后，我也抛弃了自己多年以来学到的知识。我抛弃了学问，抛弃了修行。正是这样，我才明白了尚在母亲腹中的时候的我是什么。我现在终于悟出来了。"

叩拜过后，香严再次找到了沩山和尚，做了一首诗描述自己所悟到的。沩山和尚看了这首诗，认可了香严所悟出的道理是正确的。这首诗就是作为悟道的范例而广为人知的"香严击竹"的故事。香严在递呈沩山和尚的诗的开头说："一击忘所知，更不假修持。"

香严听到一声清脆的声音之后，就抛弃了自己自出生以来所积累起来的全部知识和经验。将一切抛得一干二净、脑子里空无一物的他听到了一声清脆的声音。换言之，在自己降生到这个世界上之前，还在母亲的腹中的时候的清净的心听到了一声清脆的声音。而且，听到了一声清脆的声音的那个功能不是靠修行得来的，也不是自己曾经经历过的，更不是通过学习得到的，而是凭借在自己存在于母亲的腹中之前的、自我以前、经历以前、获得知识以前的纯粹的心的功能听到的。

接下来的一句诗是："动容扬古路"，意思是说，空无一物、与生俱来的心用眼睛去看、用耳朵去听、用鼻子去嗅、用嘴巴去说话，并且还变成了手足，发挥巨大的作用。如此像神一样、像佛一样清净，而且自由自在地发挥作用、认识和创造世界的就是真正的自己，这就是真正的人。

据说，在古代，希腊的神殿里面挂着一个匾额，上面写着："认识你自己"。而佛教向人们提出的问题是"父母未生以前，本来的面目"。自己被父母生下来之前是什么？尚在母亲的腹中，未降生之前的自己是什么？这个问题比"认识你自己"更具深度，是从根源上去探究人的存在的问题。这就是佛教。

无论如何，人首先要认识自己。我是什么？本来的自己是什么？清楚地醒悟到这些问题可以说是人生最为重要的根本性问题。

"所谓学习佛道就是学习自己，所谓学习就是忘了自己，所谓忘了自己就是为万法所证明，所谓为万法所证明就是自己的身心以及他人的身心都能脱离掉。”这是道元禅师的一段话。这里所说的“自己”并非今天经常被人提及的“自己”，即所谓的“自我”。“自我”仅仅是自己，是不为人所知的。由于每个人的知识水平和经历都是不同的，所以，如果以自我为中心考虑问题，那么，每个人各执一词、意见相左就是理所当然的了。在今天，不管什么事情都是采用按照多数人的意见解决的方式。但是，多数的意见未必是真理。

基督是根据多数民众的意见被施以磔刑杀害的，但是，基督的教义却在今天得到了全世界人的信仰，其原因就在于它是正确的。真理并不是按照多数表决的方式决定的。“一个人也可以发现真理”的说法是绝对正确的。

道元禅师所说的“自己”也是这种具有普遍性的真实的自己。正如科学的真理放之四海而皆准的道理一样，心中的真理也应当是人人都具备的，也应当是逐渐被所有的人理解的。

所谓“认识自己”，就是醒悟到产生自我意识以前、具备个性以前、获得知识以前、有了社会经历以前的纯粹的人性。因此，发现真实的自己和心中的真理就应当是佛道。

因此，道远禅师接着说："所谓学习自己就是忘了自己"。

在"自我"形成以前，连最简单的字也不认识，连方向也不能识别，当自己出生以后为时已晚，为了醒悟到从母亲腹中出生之前的纯粹的人，醒悟到真实的自己，就应当忘记"自我"。本来是要说应当杀掉"自我"，道元禅师缓和了一下，说："忘了自己"。

达到坐禅三昧的境地，完全忘记了自己之后，即无我也无世界，如果达不到这样的三昧境地，就不可能了解真正的自己。

久久纯熟。自然内外打成一片。如哑子得梦，只许自知。

只有达到了坐禅三昧的境地才能明白："这是多么清净美好的、'无'的境地，达摩大师所说的"廓然无圣"原来如此！"但是，这是哑巴在梦中所见到的，不能告诉别人，只有自己明白的境地。

体会到这种美妙的"无"的境地的就应当是禅，但是，仅有此尚算不上醒悟，说不上是已经醒悟了。如果只是说明白了"无"，那么，正如古人所说，就是"黑暗的魔窟"，是掉进了称作"无"的洞穴。假使如此，就只不过是没有任何作用的自己而已。

正如"昼夜提撕，若不间断"，如果不从早到晚，正念相续，达到“蓦然打发，惊天动地，如夺得关将军大刀入手，逢佛杀佛，逢祖杀祖，于生死岸头得大自在”的境地，就不能将不能言传的清净、美妙的境地称为“醒悟”。换言之，所谓“醒悟”，就是无所作为的自己应当被外界的某种力量打发、破坏掉。恰如香严在听到瓦砾碰到了青竹之上，发出清脆的声响的那一瞬间醒悟到自己就在那里，完全忘掉了的自己复活了一样，“绝对无”爆发了，在那里发现了一个崭新的世界。

灵云和尚看到桃花开后就开悟了。当空无一物、纯粹清净的心看到了桃花开之后，第一次涌出的美妙的意识的跃动。灵云和尚醒悟到：观看桃花的我和被看的桃花并无二致，那开放的桃花就是自己。这种意识并非通过学习而得到的，也不是亲身经历后得到的。自己就在第一次从“绝对无”萌生的意识中，这是多么美妙的自己啊！灵云和尚就是这样发现了真实的自我。

白隐禅师听到黎明的钟声后开悟了。正在自己进入坐禅三昧的境界、忘记了自我之时，钟声响起了。在这一瞬间，第一次意识到“钟声本身就是自己，自己已经变成了那悠扬的钟声”，一种崭新的世界在白隐禅师的面前打开了。钟声证明了自己的客观存在。而当时的自己正在想

“空无一物”和“无”。

释迦牟尼佛看到拂晓时分明亮的星星之后才开悟，这样的佛性灵云和尚是通过桃花发现的，白隐禅师是通过钟声发现的，而香严和尚是通过瓦砾撞击青竹的声音发现的。

道元禅师所说的“所谓忘了自己就是为万法所证明”，指的正是这个。他醒悟到：只有彻底地忘却自己、彻底达到了“绝对无”的境地，意识到了外部世界之后，自己就在这种意识之中。也就是说，外界的某种东西会证明自己的存在。

这里所说的“某种东西”对释迦牟尼佛来说就是星星，对白隐禅师来说就是钟声，对开悟者而言因人而异，但是，如果在其中发现了真实的自己，那么，全世界都同时是自己。如果这样去看世界，奇妙的慧眼就会被打开。

看到的、听到的，一切事物都是自己。世界上没有不是自己的东西。世间万物，森罗万象，都在证明着自己。而且，它千真万确，是绝对的事实，如此的新世界将会在那里俨然为自己打开。它将超越时间和空间，作为一种真实的姿态和实相而诞生。

所谓“为万法所证明”，就是“见性”。正如古人所说，“直指人心，见性成佛”“只论见性，不论禅定解脱”，没有这种见性的禅是不存在的，禅即是见性。不知手舞足蹈之地，品味达到如此程度的大欢喜，品味如此美妙的世界，这种行为就是禅。

所谓“万物来证明无形、无色，空无一物的自己”，就是说，自己原本就是真实的，绝对的。

净土真宗中兴之祖莲如上人作《白骨歌》曰：

“夫深观人世浮生之相，但皆无常。此世自始至终，犹如梦幻泡影。此故，未闻得万岁人身之事，一生稍纵即逝。叶上珠、草上露，滴落虽有迟速，终不免无常。今日我送人，他日人送我，不论我、人，皆不保今日，不保明日。至今，有谁可享百年之形躯乎。

“又，此身朝为红颜暮作白骨。无常之风一至，双眼忽尔即闭。一息不来，娇颜色变。桃李容姿何在。即使六亲眷属来集，哀号哭泣，亦是无济于事。无奈只是送到荒郊野外，化作夜半烟，唯剩白骨，虽悲苦于心，徒叹奈何。

“然人事无常，老少不定。不论是谁，皆当速速心系后生一大事，一心归命阿弥陀佛，称念佛名也。”

正如歌中所说，每个人的身体每时每刻都在发生着变化，人生难免一死。不仅是人，客观世界中的一切事物都是变幻无常的，没有一件事物是永恒不变的。但是，变化中的一切事物被称作“个个圆成，诸法实相”，其本身就是完整的、真实的。

如果醒悟到称作“佛性”的真正的自己，用空无一物、清净的心去认识森罗万象的大千世界，那么，每时每刻都在变化的那种刹那间的姿态本身全部都是真实的。超越时间、超越空间的永远的自己存在于每个人最终都要灭失的身体之中，如果醒悟到这一点，就会身心一如，认识到自己原本就是真实的，原本就是永远的。

没有痛苦，没有悲伤，没有烦恼，空无一物的心即是佛心。如果醒悟到这种佛心，那么，生老病死这样的人生的痛苦、伤悲和烦恼就会被看成是实相，懂得“痛苦不是痛苦，伤悲不是伤悲，烦恼不是烦恼”。

道元禅师以“本来的面目”为题咏诵道：“春花秋月杜鹃夏，冬雪皑皑寒意加”。

所谓“本来的面目”，就是“父母未生以前本来的面目”，这首和歌所咏诵的是从母亲腹中降生之前的自己，但是没有使用“自己”这个词汇，也没有使用“心”这个词。这里所咏诵的只是自然的世界。换言之，本来的面目等等这些事物一个也没有提及。歌中说：自己等等是不存在的。只是万物在证明自己的存在。

作家川端康成先生在国外演讲时引用了道元禅师的这

首和歌。川端康成先生不幸于 1972 年去世，在去世的 4 年前获得了诺贝尔文学奖。颁奖仪式在瑞典举行，瑞典国王向川端康成先生颁发了奖章和奖金。颁奖仪式后，在斯德哥尔摩科学院进行了纪念演讲。他演讲的题目是《我在美丽的日本》。这篇演讲就是以道元禅师的这首和歌开头的。

川端康成先生在演讲中引用的另外一首和歌是明惠上人的："冬月拨云相伴随，更怜风雪浸月身。"

川端康成先生在演讲中还谈到了良宽和尚、亲鸾圣人和一休禅师，谈到了日本的陶器和茶道，从《源氏物语》谈到《枕草子》，向全世界人民做了《我在美丽的日本》的演讲。

他的演讲从头到尾谈的尽是佛教的话题。换言之，离开了佛教，日本的文化就无从谈起。日本的文化、日本人的心，其根底所蕴藏的就是佛教，也可以称之为"禅"。这个观点可以在道元禅师的这首和歌中得到印证。

春天是花的季节，而所谓的"花"在日本特指樱花。每当樱花盛开，每一个日本人心中都充满了喜悦，在和平时期，会带着酒和便当到野外和山上去观赏樱花。没有一个日本人将那美丽的樱花当作"物"去看待。他们心中充满了愉悦之情，就像是自己的心里开了花。

有一首古和歌这样咏诵道："人问敷岛大和心，朝日烂漫山樱花。"正如歌中所咏诵的那样，樱花沐浴在温暖的阳光中竞相开放，确实非常美丽。欣赏樱花的我与被欣赏的樱花别无二致，我们水乳交融、浑然一体，樱花就是我，我就是樱花。日本人就是以这样的心情去观赏樱花的。

另外，正如道元禅师所咏诵的那样，"秋月如水"，深秋季节，皓月当空，日本人非常喜欢此时的月亮。在明月之夜，日本人会插上鲜花、摆上江米团，祭拜月亮。清澈的月亮仿佛就是每个人清澈的心。那圆圆的月亮就是每个人与生俱来的心。这样，赏月的我与被观赏的月亮融为一体，人们沉浸在赏月的气氛中，忘记了时光的流逝。

"中秋月，绕池赏，不觉天已亮。"这是松尾芭蕉一首有名的俳句，意思是说：眺望空中的一轮明月，再低头垂看映照在古池中的月影，不知不觉中就到了黎明。忘我地观赏樱花和月亮，这就是日本人。

"冬雪，如此清寒料峭。"唯有未受到污染的洁白的雪花，才是每个人与生俱来的纯洁的心。人们纯洁的心宛如纯洁的雪。这样，亲自看一看雪，特意敞开拉门观赏银装素裹的世界，并举办俳句会。这就是日本人。而且，仅待在家中赏雪是远远不够的，正如一首俳句所描绘的那样，

“雪野送友倒在地，相视一笑却开心”，一边赏雪一边去送朋友，雪填满了木屐的齿间，走到再也不能继续往下走的时候，一不小心滑倒在地，就连头上也沾上了雪，但是仍然毫不在意，又为自己在雪地里滑倒而感到开心。这就是日本人。

道元禅师在位于越前山中的永平寺中修行，每到冬季，山中总是积雪很深，但是，道元禅师从不说下雪的冬天寒冷。如果把雪看成自己，把自己看成雪，那么，雪该是多么凉爽啊。能够品味出此般境地的，只有禅。

春花、秋月、冬雪，季节依次轮回，对于夏，道元禅师以“夏杜鹃”之词句相补充。如今，生活在城市中的人们也许听不到杜鹃的叫声了，但是，在京都，有时在深夜里也能听到两三声杜鹃的啼鸣。特别是在我以前所在的岚山的天龙寺一带，经常可以听到杜鹃的叫声。

松尾芭蕉在《嵯峨日记》中咏诵道：“大竹林里明月光，间闻杜鹃声感伤。”杜鹃啼鸣之声着实给人以悲壮的感觉。正如“杜鹃啼血”这个成语所描写的那样，闻听杜鹃啼鸣的人会感到无限悲伤。我想提醒诸位注意的是道元禅师在《本来的面目》中所咏诵的那种悲伤的杜鹃啼鸣之声。杜鹃尽管吐血却仍在啼鸣，也许这正是我们每一个人的写照。

人的一生中确实充满了艰辛和伤悲。年幼之时失去亲人的伤悲、失去心爱的丈夫、妻子或子女时的伤悲、在工作中遭遇失败时的伤悲、身体的某个功能出现障碍时的伤悲、被别人疏远时的伤悲，每个人都有自己的伤悲，人生就是伤悲。也许，只有明白了这个道理才能成为一个有所作为的人。不了解伤悲的人就是永远也长不大的孩子。

欧洲的一位名人说过："一个没有啃过硬面包，哭过一整夜的人，是不值得搭理的。"这句话的意思是，没有品味过悲伤的人就不会懂得别人的悲伤。因此，唯有品味过悲伤的人才配作我的朋友。

道元禅师说，他是将杜鹃啼鸣听成了人的悲鸣。换言之，明白别人的伤悲也是自己的伤悲应当是每个人"本来的面目"。

我想，川端康成先生引用道元禅师的这首和歌进行题为《我在美丽的日本》的演讲，使这个题目本身有了深刻的寓意。

国有铁路的宣传海报"发现与日本"中有一种说法——"美丽的日本和我"。不能这样说。不能用"和"字，只能用"的"字。川端先生所说的"我在美丽的日本"（注：这是权威人士的意译，直译为"美丽的日本的我"）

中的“美丽的日本”和“我”并不是两回事。其意思是，“美丽的日本”本身就是“我”，而“我”本身就是“美丽的日本”。“的”（注：指直译中的后一个“的”字）这个字中所蕴含的深刻含义正在于此。不是“父母与孩子”，而是“父母的孩子”“孩子的父母”。不能说“丈夫与妻子”，而是“丈夫的妻子”“妻子的丈夫”；不能说“老师和学生”，而是“学生的老师”“老师的学生”；不能说“总经理和员工”，而是“员工的总经理”“总经理的员工”。如此类推，一切事物之间都应当是这种关系。

自古以来，日本都没有“天皇和人民”的说法。而是“天皇的人民”“人民的天皇”。依此类推，便是“社会的我”“我的社会”，“日本的我”“我的日本”，“世界的我”“我的世界”，“人类的我”“我的人类”，由此，应当醒悟到超越了对立的纯粹的人性。

没有人类就没有我，没有世界也就没有我，人类和世界证明了被称为“我”的客观存在。因此，热爱世界、热爱人类，在这个世界中与整个人类一起生活下去，唯有这样伟大的人性才是真实的自己。懂得这个道理是人生中最为重要的事情。

白隐禅师经常说：“听一听双手的声音”，谁都能够听到用双手拍打的声音，但是，双手的声音应当是听不到的。人们肯定都会说：这种荒唐的事情怎么能做得到呢？但是，白隐禅师的话并非虚妄。双手的声音的确是可以听到的，而且是必须听到的。换言之就是“抛弃自我”。如果无论身处何地都以“自我”的姿态去听，当然就只能听到两只手的声音。

如果认识不到“大死一番，绝后再苏”、忘记自己、杀尽自我、体会到“无”的境地，就打不开新世界，听不到双手的声音。换言之，所谓“听双手的声音”就是懂得真实的自己。

唯有觉醒到“父母未生以前，本来的面目”——从母亲腹中降生之前的纯粹的人，超越时间、超越空间、被万物证明的永远的人性、有拥抱全世界的爱心、有活动能力的真实的自己，才能成为听见双手的声音的人。

这就是所说的禅，所谓“认识自己”也应当如此。

[唤起菩提心]

上求菩提，下化众生

将所有的人都视为我的孩子，将所有的事物都视为鲜花，如此之心将会引领人自觉自愿地去爱人类，就会自觉自愿地去爱一切生物。这样，如果自己与他人之间的区别消失，则他人的伤悲即自己的伤悲，他人的快乐即自己的快乐。这颗心就是菩提心。

人应当有一颗发誓服务于人类、服务于社会的心。

1974 年的宫中御歌会的开场主题是“晨”。我认为这是一个绝妙的主题。因为，“一年之计在于春，一日之计在于晨”。

最好在早晨制定好一天的计划，在新年到来之际制定好一年的计划。依此类推，最好在参加了成人仪式后制定好一生的计划。只有成为一个有所作为的人，得到社会的认可，所以应当去制定一生的计划。

今天的日本宪法提倡主权在民。“统治国家的权力在国民”的规定是一个好规定。如果这个“主权在民”的意思是不依靠天皇，全体国民共同努力将日本建设成为一个伟大的国家，将国家管理好，使国家取得发展，那么，这的确是一个好的主张。

但是我认为，如果将“主权在民”解释为“因为主权在民了，所以我们就有权利了，就有自由了，就可以想干什么就干什么了”，就太荒谬，大错特错了。

临济禅师说：“随处做主，立处皆真”。不管走到哪里都能做主，不丧失主体性，做个主人翁，这样他的行动就不会有失。他说得很清楚，然而如果解释成不管到哪里都可以为所欲为，便是大错特错了。

“随处做主”，既不是让人变得盛气凌人，也不是随心所欲。而是要有爱心，就是说无论走到哪里，都要珍爱所到之处。

例如乘电车时，把它看成自己的电车，一定连个纸屑也不会丢；把公园看成自己的公园，就连一枝花也舍不得折；把京都看成自己的家园，就不能不由衷地热爱它；如果能把各个城市都当成自己的家乡，就会对那片土地产生

眷爱。把日本当成自己的国家，就不能不呵护珍惜它。临济禅师所言极是，把世间的事物都当成自己，报以爱心，就不会做错事了。

另外，如今常听到“公仆”一词，如果认为知事是公仆，市长是公仆，议员是公仆，机关的干部、员工都是公仆，而认为我是主人公就自命不凡，那就错得离谱了。知事和市长固然是公仆，但他们都是在为我们工作。他们替我们为市民、为政府而工作，所以我们也是公仆。如果说我们的代表是市长、知事、政治家的话，每一个国民也必须为社会、为人类服务。这才是主权在民。临济禅师的“随处做主”的思想，也务须这样去解释。

明治天皇吟诵道：“早晨，我向列祖列宗祈祷，祈祷我的国民平安。”

天皇每天早上都要在神的面前祈祷。但是，他一次也没有为自己祈祷过，也不为皇室祈祷。他的心中只有国民，他是为国民祈祷的。他每天都在祈祷：“不要乱涨价，让国民苦不堪言！不要出现石油危机、白糖短缺、面粉短缺、卫生纸短缺，让国民苦不堪言！没有火灾、没有杀人、没有窃贼，国民没有悲伤！”总之，天皇所祈祷的只是全体国民过上和平、愉快的生活。主权者必须照此去做。

明治天皇的皇后昭宪皇太后咏诵道：“晨起对镜照我心，透亮清澈不染尘。”由于皇太后是女人，所以每天早上起来后都要化妆。她对着镜子所祈祷的并不是让自己变得更漂亮些，而是坐在没有一点灰尘、透明的镜子前，祈祷自己的心像镜子一般透亮清澈，轻松地度过每一天。天皇和皇后所作的和歌完美地表现了东方的思想和日本的思想。

孔子曰：“大学之道，在明明德。”意思是：做学问并非是死记硬背一些知识，而是去醒悟每个人都与生俱来的光明的德性。日本的神也教导我们说，擦拭掉心中的罪恶，让自己的心像镜子一样清净。释迦牟尼佛也有类似的说法："大圆镜智"。释迦牟尼佛解释道："对整个宇宙进行把握，平等地看待一切事物，巨大的，圆镜般的智慧，与生俱来的纯粹的心即是人性的原点。"

昭宪皇太后以和歌言志，祈祷自己的心像镜子一般透亮清澈。而明治天皇也以和歌言志，忘我地为人类的幸福和社会的和平祈祷。两位陛下所创作的和歌互为表里，浑然一体，用佛教的话说就是"上求菩萨，下化众生"。

美国第16任总统林肯明确地说出了"为民而有，为民而治，为民而享"的理念。我的理解是，为自己考虑的不是主权者。主权者并非为了掌握权力，应该只为人们的利益考虑，深爱着人民。我们都应当来思考一下这些问题，虽然提倡的是"主权在民"，但是，在今天的日本，国民是否具备了这样的人类之爱呢？他们是都深爱着日本吗？国民相互之间是否献出了爱心呢？是否进行了这样的教育呢？

如果每个人都只主张自己的权利，想说什么就说什么，那么，一个国家就难以保持正常的秩序。每个人都应当努力站在主权者的高度去考虑问题，热爱国民，努力建设一个和平的日本。可以说，中国目前正在推进这样的教育。

中国提倡将人民的幸福放在首位，把自己的事情放在最后。一位名叫“王杰”的战士就是“先公后私”的榜样。

一天，王杰到农村去指导埋地雷。就在指导的过程中，不知是哪里出了差错，地雷发生了爆炸。就在爆炸的一瞬间，王杰爬到了地雷上面，英勇牺牲了。他用自己的生命保护了周围的农民，确保了这些农民毫发无损。

中国官方将王杰树为“先公后私”的榜样，在全国开展了向王杰学习的教育活动。

即使牺牲自己的生命也要帮助别人。这大概就是共产主义思想吧。有这样的唯物论吗？我认为这是一种宗教，是一种所谓的“背上十字架跟我来”的基督教的实践，是孔子的“杀身成仁”的学说的实践，如果用佛教的话来说，就是一种“上求菩提，下化众生”的实践。这简直就是宗教。我想，开展学习王杰的教育活动，是不是也可以说是在实践被圣德太子视为理想的菩萨道呢？

对照一下中国的做法，如何看待日本目前的状况呢？我的感觉是，只顾自己，不管别人的思想还是比较严重的。这难道就是主权在民吗？这样发展下去，日本会走向何方呢？这些问题吸引着人们深入地思考。

下面讲一个释迦牟尼佛在王舍城的灵鹫山发生的故事。

在灵鹫山法会上，大梵天王为令一切众生得大利益，请佛说法，并把一朵金色的婆罗花献给佛。佛答应了大梵天王的请求，高升法座，却一言不发，手里只是持着婆罗花朝大家看看。在座的人都不理解，心里想："还不开始说法啊。佛手里拿着花，今天是不是要用新的方式说法呢？"唯有摩诃迦叶破颜微笑。释迦牟尼佛高兴地宣布："我有正法眼藏，涅槃妙心，实相无相，微妙法门，不立文字，教外别传，总持任持，凡夫成佛第一义谛，今方咐嘱摩诃迦叶。"

释迦牟尼佛又说："醒悟之法眼一旦打开，无量之法就会出来，就会明白。这颗心虽然无形无姿空无一物，但是却非常好用。真实的东西是无形的；心中的真理是无姿的。所以，如此优秀的醒悟的心无法用文字表达，也不能用口来说明。今天，摩诃迦叶看到花之后醒悟了。我就把这醒悟的心让与你。你要不停地传下去。"说完就将法授予了摩诃迦叶。摩诃迦叶醒悟后的故事被称作"拈花微笑"。据说，这就是"以心传心，不立文字，教外别传"的禅宗的由来。

妙心寺的山号叫作“正法山”，妙心寺的全称为“正法山妙心寺”，取自“拈花微笑”这个故事中释迦牟尼佛所说的“正法眼藏，涅槃妙心”，这个名称是由大灯国师取的。

当大灯国师因病弥留之际，花园法皇请求前来探望。

“在您还在的时候，我有一事相求。我也想传授佛法，带人修行、开悟。只有一个人快乐是不行的。我还想给一般的国民讲解佛法，与国民分享开悟的快乐。这样做是为了回报祖师的恩情。因此，我想将花园的离宫建成一所寺院。请您给寺院取个名字好吗？”

于是，大灯国师就给寺院取了“正法妙心寺”这个名字。当法皇问大灯国师正法山妙心寺住持的合适人选时，大师就推荐了自己的弟子慧玄。

后来成了妙心寺的开山鼻祖的关山慧玄禅师曾跟随大灯国师修行，开悟得非常好，得到师父的认可。但是，当他开悟之后，为了继续修行而离开了国师，不知道去了哪里。当国师向法皇推荐慧玄作妙心寺的住持以后，法皇就颁布敕令，在日本全国范围内寻找他。最后终于在美浓国的一个叫伊深的地方找到了他。

慧玄禅师住在伊深的一所小庵寺里，一边修行一边帮助村子里面的人干活。只要村子里的人有事找他，无论是翻地、播麦还是烧炭，他都会爽快地答应下来，默默地去帮助他们。

村子里的人可能觉得慧玄是个讨饭的和尚，让他来帮帮忙也不用花钱。就这样，慧玄禅师帮助村子里的人干了8年活。而慧玄禅师是作为开悟后的修行义务为村里的人干这些的。

虽然他跟着大灯国师修行并且开悟了，但是，他的心能够从早到晚一天天地坚持下来吗？无论经历什么样的艰难困苦，无论怎样遭人耻笑，他能够不失开悟之心，在任何地方都能为他人、为社会做出贡献吗？这在佛教中叫作“正念相续”，慧玄禅师和村子里的人打成一片，继续进行修行并实践着佛法。花园法皇的敕使是抬着轿子来接慧玄禅师的，村里的人应该会大吃一惊吧。

村里的人说：“我们每天都让慧玄禅师干老百姓的活，而他如今却要去当天子的师父了。这个和尚太了不起了。真是不好意思。”

这个故事一直流传到今天，在伊深的正眼寺每年举办的开山纪念仪式上，十里八乡的人都会赶来重温这个故事。

但是，作为法皇的敕使来接慧玄禅师的是甘露寺的中纳言。担任明治神宫的宫司的姓甘露寺的人是他的后裔。

现在妙心寺里面还有姓甘露寺的人，就是因为有如此深的渊源。

就这样，慧玄禅师成了妙心寺的开山和尚。他从花园法皇那里得到了这样的诏书：“往年在先师大灯国师之所，于此一段事得休歇。特别是传持衣钵后，报恩谢德之思，兴隆佛法之志，寤寐无忘。”意思是说，昔随大灯国师修行得以开悟，特别是授我世代相传之法以后，我一直在考虑如何报答先师大灯国师及世代佛祖之恩，如何弘扬佛法，为此夜不能寐，寝食不安。

“朕想在花园离宫建造正法山妙心寺，接你回来为佛法兴隆尽力。”于是，就派敕使将慧玄禅师接了回来。慧玄禅师后来被封为国师，被称作“关山国师”，他从法皇那里得到诏书，可谓了不起的开山禅师。

虽然正法妙心寺的名字源于释迦牟尼佛和摩诃迦叶的“拈花微笑”的故事，但是，我想，不会有人看到花之后会生气，也不会有人看到花之后会哭，更不会有人抱怨。只有像摩诃迦叶那样看到花之后会笑的心才是涅槃妙心。无姿、无形、无色、空无一物的心看到花之后会笑。看到花之后会笑的清净的心是人的本心，只有这样的心才会像鲜花一样美丽。

“席亦花，花器亦花，花台薄板亦花，剪刀亦花，花瓶亦花，水亦花，自不待言，插入之花草亦花，插入之姿势亦花，心亦变为花。”这是未生流的第一代宗师的话。只有花本身不是花。如果提到花，坐席、花器、花台、水、剪刀以及插花的人的身姿全部都是花，这样看问题就会开悟，就会明白“世间万物无不是花”的道理，就会感悟到，掉落在路边的小石子也是花，土也是花，虫子也是花，狗也是花，甚至就连狗屎也是花。

正如没有人看到花以后会生气的道理一样，如果将世上的一切都看成花，那么，人从早到晚脸上都会挂着微笑，就会爱世间的一切，就会对一切肃然起敬。

“勿打。蝇会叩首作揖。”这是一茶的话，意思是说，如果你要去拍打苍蝇，苍蝇就会活动腿，做出求饶的动作，如果将苍蝇也看作鲜花的话，就不应当将它打死。

释迦牟尼佛说：“世间万物都是我的孩子。”所以，就连一只虫也不要杀死。这样，如果醒悟到了将世间万物都看成自己的孩子、看成鲜花，那么，就会自然而然地去爱整个人类，去爱一切生灵，去爱这个社会。这样，自己与他人的区别消失，将别人的悲伤视为自己的悲伤，将别人的快乐视为自己的快乐，那么，就会有一颗菩提心，就会萌生发誓为全人类和社会做贡献的心。

每一位国民都能唤起这样的菩提心，为建设和平，繁荣的日本承担起自己的责任并努力将其付诸实践，我想，这才是主权在民的真正含义。

即将参加成人仪式的各位青年朋友自不待言，我建议已经成人的各位朋友再次发誓“上求菩提，下化众生”。这是人生最重要的课题。

我衷心希望每一位朋友无论身处何地，都能发誓追求高尚的佛性，为更多的人做出自己的贡献，并向大家致以新年的问候！

[全身心投入]

人在旅途，不离家舍

在每天的生活中，全身心地投入某件事情，这就是禅。如果随时都能够万念皆空地投入到正在干的事情中去，就可以称得上是在很好地进行坐禅的实践。

平凡即可。在现实社会中，每个人都有自己的生活方式，保持自己的生活方式也是禅。

我这几年没有写过贺年卡。让别人写上收件人姓名和住址，将这样的印刷品邮寄出去的做法过于形式化，没有意义，而自己动手一张一张地去写需要花费四五天时间，我没有这个工夫。如果我不寄贺年卡，对方可能也就不会寄了。这样最好。于是，我就不再寄贺年卡了。尽管如此，每年还是有很多朋友给我寄来贺年卡。

每当看到这些贺年卡，我就会知道哪位朋友还在，哪位朋友身体还很好，但是，我不回复。我这样做确实是在偷懒，不过，我还是希望朋友们能够原谅。

今年我也收到了很多朋友寄来的贺年卡，其中，我印象特别深的有两张。这两张分别是由福冈监狱里面的两名死囚寄来的。他们的名字分别是西武雄和石井健次郎。

二战结束后，日本全国都处在混乱状态，一名韩国人被杀害了。不知什么原因，这两个人被认为有作案嫌疑，经过法院审理，他们两个被判了死刑。我觉得这两个人绝对没有杀人，他们是冤枉的，但是没能给他们争取改判。尽管如此，由于证据也不太充分，他们两位的死刑也一直没有执行，28 年过去了，他们仍然被关在监狱里。

我的朋友中有人多年以来一直在对这两个人进行法律援助。他们甚至站在街头搞签名活动。我也曾经跟他们一起到东京向法务大臣申请改判。但是，这个案件是在二战刚刚结束的时候发生的，年代久远，重新审理的难度非常大。

西武雄原来是一名陆军中尉，他在贺年卡的末尾是这样写的："冤狱亦是恩宠，青松始能耐寒。"他给我的感觉是他并没有杀人。尽管如此他还是受到了怀疑并成了一名死囚。虽然当时他正值壮年，但是，他的 28 年光阴与黑暗

的牢狱联系在了一起，起初，他该是何等的愤怒啊。他或许也产生过不满，或许也曾经烦恼，肯定也有过心乱如麻，难以成眠的日子。但是，他慢慢地听进去了教诲师的开导，也开始阅读佛教方面的书籍，最近一直在念佛，有时也坐禅，过着幸福的感恩的生活。

他是这样说的："如果没有成为一名死囚的话，我也许根本听不进和尚的话，也根本不可能去读经书。我知道了念佛的宝贵，也知道了坐禅的好处，这些都是入狱给我带来的好处。如果这样想的话，我也应当感谢我所蒙受的不白之冤。我切身地感到，这也许是上天对我的恩赐。在根本没有取暖设备的牢狱中，我居然经受住了冬天的寒冷。”

他说的句句是实话。假话是说不出这样的感受的。我想，“冤狱亦是恩宠，青松始能耐寒”这句话是他心态的真实流露。

而那位名叫石井健次郎的人在监狱中一直坚持绘画。他在寄给我的贺年卡上写下了这样的一句话：“身心皆被佛拥抱，宛若旭日东升。”他在贺年卡上这样写道：“人生最宝贵的时光在监狱中虚度，确实是一件憾事。身为完全与社会隔离开来的死囚，28 年的宝贵时光在监狱中虚度，即便如此，却没有愤怒，没有烦恼，没有不满。以仿佛被佛拥抱着一般平静的心迎接着新年的来临，迎接旭日东升。这是多么值得感激的事情啊。”

如此的心境可以说成是：“外于一切善恶境界，心念不起名为坐；内见自性不动为禅。”无论社会上发生了什么，即使身为死囚受到了社会的排斥，心中的信念扔丝毫不动摇。以坚定的信心平静地去探寻佛性。自己的心得到了莫大的宽慰，将自己的身心全部交给佛，没有丝毫的不安。这就是坐禅。

临济禅师说："在途中不离家舍，离家舍不在途中。"人生永远都是在途中的。人应当在人生的旅途中醒悟到永远的佛性。上学是途中，工作是途中，乘坐电车和巴士上下班、上下学是途中，吃饭、洗澡，都是途中。在学习的时候就安下心来专心学习，在公司上班的时候就要安下心来把工作干好，在吃饭的时候就安心吃饭，无论在任何时候都应当保持一颗泰然自若的心。在现实的社会中，在每天的生活中，人都应当在自由自在地工作的同时认真地去体会那颗纹丝不动的心。

大灯国师咏诵道："加茂赛马马儿急，马背之上亦坐禅。"自古以来，在京都的上贺茂神社和下鸭神社的庙会上都要举行赛马。骑手骑在马背上奔向终点，然后返回。在这个过程中就有坐禅。骑手骑在马背上狂奔的时候，什么事情都不能考虑，不能考虑输赢，也不能考虑万一从马背上掉下来会怎么样。马和骑手成为一体，只是一个劲地奔跑，即所谓的"鞍上无人，鞍下无人"的境界。如果无论在做什么都能全神贯注，忘却自己，即是坐禅。

大灯国师和歌曰："三十余利吾茂狐乃穴尔住无。今马加左留留人茂理利。”从早到晚坐在禅堂里面不叫坐禅，如果那也称得上是坐禅的话，我就是被欺骗了30年。但是，如果仅只是什么也不做，把自己关在禅堂里打坐的话，那么就同洞中的狐狸一样，这对于人生是没有任何意义的。在现实社会中充满活力地投入工作，应当是这样的坐禅。

“生活的本身就是坐禅”可以解释为，日本的文化，日本的技艺之道也理应如此。正如“茶禅一味”之说，按照茶道的程序沏茶、品茶，这个过程本身就可以称得上是禅。再举一个例子，如果被称为“剑豪”的宫本武藏和柳生流的柳生但马守手执长剑，那么，此中也有禅。这也可以称为“剑禅一味”。正因为如此，他们才留名后世。

如果弯弓搭箭的话就是“弓禅一味”，并非射箭。“靶子”与“我”成为一体，然后才能射中靶子。如此类推，柔道、谣曲、能舞、花道也都应当成为禅。

歌手在唱歌的时候，应当不考虑其他任何的事情。即使听众达到数百人、数千人，也不应当想着为了这些听众而去把歌唱得更好一些，也不应当考虑受到听众赞誉的事情。什么都不考虑，只是一门心思地唱歌，把精神集中到唱歌这一件事情上来。如果能够做到这样，就可以说唱歌这件事情中也有禅。

在五六年前，英国历史学家托因比博士来日访问。他与京都大学的吉川幸次郎博士的会谈登载到了某报纸的晚刊上面。当时，日本与中国的邦交尚未恢复，托因比博士做了如下发言：“日本应当与中国建立最为亲密友好的关系。因为两国是隔海相望最近的邻国，是相互交往了1000多年的兄弟般的邻邦。两国应当早日握手，缔结和平条约。我说这话并不是让日本去敌视美国，而是说，日本应当像与美国友好一样与中国发展友好关系。因此，斡旋中美两国的关系也是日本的政治家的任务。如果美国率先与中国握手，那么，日本就会乘车晚点”。

果不其然，尼克松总统首先到了中国，与毛泽东主席握了手。虽然田中首相也急急忙忙到了中国去，但是，正如托因比博士事前所说的那样，日本确实乘车晚点了。总之，还是在这次会谈中，托因比博士还说了这样的话：“我参观了京都龙安寺的庭园。在我参观的时候看到几十个日本人面向庭园的围墙坐着。在几十分钟的时间内，他们全都一言不发，盯着石砌的庭园看。看到这个场景后，我非常吃惊。这可能就是日本特色吧。”

在一个只有石头和砂子的小院子中，很多人默不作声地凝视着什么。这种场景在日本比比皆是，但是在欧洲是绝对看不到的。

在一个院子也能看到禅，这就是日本人。全神贯注于对方，却忘却了自己，这正是禅所教导出来的日本民族的习性，是日本民族的心。

法国哲学家萨特访问日本后，在归国前也发表了同样的感想。他访日期间参观了一些寺院和庭园。日方还安排他听了传统的日本音乐，看了歌舞伎表演。但是，他并未表现出有什么特别的兴趣。在安排他观看了能剧表演后，他才表现出了浓厚的兴趣。

进行能剧表演的人完全地忘却了自己，将自己的身心完全投入到了另外的人格中去，舞跳得非常好。虽然舞姿在变化，但是，活动的姿势本身却是固定的。萨特在返回法国前兴致盎然地说："其中有禅，有日本！"

下面讲一个古代的故事。德川幕府的第三代将军家光公邀请诸大名和各界名人，举办了一个观世能剧的宴会。当时的演出曲目名称为"井筒"。虽然这个曲目的细节我们今天已无从得知，但是，据说，他们在舞台上面设置了一个井筒的道具，演员一边在其周围跳舞一边往井里面看。在观世的师父表演这个动作的一瞬间，正在来宾席观看的柳生但马守突然喊了一声。在表演结束后，但马守就刚才的失态向家光公和观世的师父再三道歉。观世的师父问但马守："你当时为什么会突然地大喊一声呢？"

柳生但马守回答："你的舞姿天衣无缝，跳得很好。我看得入迷了，但是，当你往井里面看的时候，井筒上面突然露出了一道缝隙。于是我就不由自主地喊出声来了。这是与你的水平不符的。为什么偏偏在那个时候露出了一条缝呢？"

这下倒是反问起观世的师父来了。据说观世的师父是这样回答的："我在往井里面看的时候，一张白纸掉出来了。这时，我突然想，这是谁掉出来的呢？可能在这一瞬间井筒就开了一条缝。"

正如这个故事中所说的那样，能剧本身就应当是禅。无论是舞姿还是跳舞时的注意力，都必须全神贯注地投入到跳舞中去。如果稍一走神，表演就会露出破绽，造成失误。

在现实生活中也是这样。无论做什么事情，都应当全神贯注。

下面我要说一件大概在十年前发生的事情。当时，早晨的广播节目中有一个栏目叫作"人生读本"，有一天，播送的是木偶净瑠璃戏日本三弦师父的故事。当时，在师父们说话的过程中，他们说了一句话使我至今难以忘怀。"三弦是用心弹奏的，而不是用手弹奏的。”师父的师父教给他的弹奏三弦的秘诀就是“不弹而弹，安下心来”。

师父的师父说，三弦的弹奏方法是，左手按住琴弦，右手执拨子，用拨子拨动琴弦发出声音。离开手是无法弹奏的，但是又不能意识到手的存在。拿着三弦，应当忘记按着琴弦的手。同时还应当忘记执拨子的手。要忘记三弦的存在，忘记弹奏三弦的自己的存在，忘记你之前曾经弹奏过，将一切的一切统统忘掉，只有这样才能弹奏好三弦。

不是用“弹奏”这样一个动作来弹奏三弦的。在弹奏三弦的动作中，有一颗绝对不动的心。必须用自己的心去弹奏。这话不太好懂，但这就是三弦的秘诀，其中有禅。

上等艺人附和着三弦的节奏表演净瑠璃，当剧情中出现武士的时候就模仿武士的声调进行表演，当剧情中出现女人的时候就模仿女人的声调进行表演，当剧情中出现小孩的时候就模仿小孩的声调进行表演，当剧情中出现老人的时候就模仿老人的声调进行表演，根据角色的不同而使用不同的声调进行表演，这就是净瑠璃的特点。而且，还不能只通过声调来区分角色。声音和心也必须完全投入到角色中去，必须把自己融入角色中。

另外，专门操纵木偶的人还要配合着净瑠璃的台词操纵木偶。专门操纵木偶的人被称为“黑子”，他们穿着黑色的衣服，裹着黑色的头巾，但是，等到他们成为上等艺人后就不再干这些事情了。他们就会穿着上下身礼服，不化妆，娴熟地操纵着木偶。即便如此，站在小木偶后面的人也不会产生丝毫妨碍。因为他完全忘却了自己。这一点新手是做不到的。即使穿上黑子的服装，也往往会比木偶更抢眼。因为他没有融入木偶的角色中去，没有忘却自我。

万念皆空——这是能剧、木偶净瑠璃戏、日本文化以及日本技艺之道共同的秘诀，这就是禅教给我们的。

禅绝不是一个人去寺院中从早到晚地坐禅，绝不能干这样愚蠢的事情。

“加茂赛马马儿急，马背之上亦坐禅。”正如大灯国师所言，骑在马上奔跑的时候也可以坐禅。在我们的日常生活中，全神贯注地投入到每一件事情中都是坐禅。在学校读书，在公司上班，一日三餐，我们每个人所做的一切事情，只要做到万念皆空、全神贯注地融入其中，都可以说是很好地进行了坐禅的实践。

平凡即可。在现实社会中，每个人都有自己不同的生活方式，都应当在平凡中成为禅。

[经得起考验]

刻苦努力，必然前途无量

青年人应当有独立面对人生的能力，决不可生活在娇生惯养中。必须吃得起头悬梁锥刺股之苦，做好7~10天不睡觉坐禅的精神准备。

只有苦苦探寻，苦苦学习，苦苦实践，才能醒悟到伟大的人性。希望青年朋友们做好在艰难困苦中锻炼自己的精神准备，努力学习，坐禅修行。

今天是6月4日，是龋齿预防日。之所以要特意设立这个宣传日，是因为近来出现了儿童龋齿多发的趋势。据统计，多达90%的儿童患有不同程度的龋齿。

对于动物来说，牙齿是最有力的武器之一，动物凭借指甲和牙齿保护自己的幼仔不受外敌侵害。人类的牙齿也保留了这种动物性的武器功能。例如，当遇到强盗袭击的

时候，不少人会急中生智，用牙齿去咬对方的手腕，达到防身的目的。但是，这是在极少数情况下才用得上的功能，牙齿的首要功能还是咀嚼食物，它们是人类为获取营养成分而承担第一道工序的工具。

如果过多地吃甜食，特别是食用白糖过多，就会形成龋齿，但是，以前龋齿的发病率并没有今天这么高。可以说，在粗粮时代成长起来的人龋齿比较少，龋齿是随着人们物质生活水平的提高而逐渐增多的。

牙齿是这样，精神也是这样，现代的年轻人过于娇生惯养，丧失了斗志。他们生活在优越的环境中，家长轻易不会训斥他们，尽量让他们过着轻松的生活，似乎有点过于讨好他们了。如果青年人接受的是这种可以称得上过度保护的教育，在这样的环境中长大，精神力量就得不到培养。人在青年时期应当有独立面对人生的能力，所以，长此以往是不行的。在这个意义上，禅宗的教育自古以来就很严格，对年轻人决不主张娇生惯养。

白隐禅师说："刻苦追求光明，必豁然开朗。"这句话的意思是说，越是经历艰难困苦，人的精神力量就越会得到锻炼，就越会变得坚强，也一定会开辟出成功的道路。

白隐禅师还说过："贫道乃至尊之道。"这句话的意思是说，求道修行，贫困是最好的选择。自不待言，没有钱出去游玩，食物匮乏，只有在这样的环境中才能真正地进行修行。

白隐禅师后来又说："苦学乃至尊之学。"这句话的意思并不是说可以边打工边上学，而是应当珍惜时间勤奋读书，自己的发展道路靠自己去开拓，应当有奋斗精神。无论是对于在校读书还是对于人生都是同样的道理。人不能过着无忧无虑的悠闲生活。相对于学问的真理，如果不去苦苦地追求人生的真理，就做不成真正的学问，人生就没有意义。

白隐禅师的师父是正受老人，据说是信州的一个叫“饭山”的地方的老爷的孩子。这位老爷皈依的和尚时不时地进城，给老爷及其家臣说法。有一天，几个城里的孩子手里拿着纸来到了和尚这里，请和尚把他们的守护主佛写出来。和尚爽快地答应了下来，一个个地询问了这些孩子的出生年份，分别告诉他们说，他们的守护主佛是观音菩萨、文殊菩萨和普贤菩萨，并写在了纸上。这时，同样是孩子的正受老人也提出了同样的请求，但是，这位和尚没有在纸上写一个字，只是对他说：“你有一位活着的观音，所以，就没有守护主佛”。

听了和尚的话，正受老人的童心中就产生了这样的一个疑问：“和尚说我有一个活着的观音，那么，这个观音在哪里呢？”于是，无论白天还是黑夜，他满脑子都是这一个问题，陷入了深深的思考。

别人让他做的事情他也放到了一边，只是满门心思地想着这一个问题，有时甚至蹲在厕所里面忘记出来。就这样，他一直想着这个问题长到了 19 岁。

事情发生在正受老人19岁后的某一天。城里的一个高大殿堂里正在举办一场宴会，正受老人也在里面干起了端盘子的差事。在上一处很高的台阶的过程中，由于他心里一直想着“活着的观音在哪里”的问题，一不留神滑倒了，手上端的饭菜洒落到了地上。就在这一刹那，他突然懂得了活着的观音在哪里。他开悟了。自己悟出的道理对不对呢？他马上去向城外的和尚探寻，但是，谁也没有告诉他答案。

正在这期间，老爷时不时地要到江户去，正受老人也随着老爷一起去了江户，问遍了江户的名僧。他向这些名僧诉说了自己开悟的境地，但是，江户的这些名僧也搞不明白。只有一个人告诉他：“你悟出的道理的正确的。”这个人就是居住在小石川的至道无难禅师。正是因为这一句肯定的话，正受老人坚定了出家的信念，马上剃头当了无难禅师的弟子。

可是，在江户饭山藩的公馆里，因为无论怎么等正受老人都没有回来，公馆陷入了混乱之中。他们找遍了整个江户城，最终在一个名叫至道庵的小寺院里面找到了已经出家的正受老人。于是，家老（注：幕府时代诸侯家臣之长，统辖武士，总管家务）找到了至道庵，他责备无难禅师道：“他是我藩重要的公子，你事先也不打个招呼就给他剃了头，岂有此理”。

于是，无难禅师唤来小僧，吩咐他在水盆中盛了水，在做好了这些准备后，禅师说道：“你把头在那水里浸湿。”

“你要干什么？”

“我顺便也把你的头剃了。”

“岂有此理！我让你给我剃头了吗？可恶！”

“是吗？我就是要剃掉你厌恶的东西。这个孩子是自己说要出家的。所以我才给他剃了头。”

家老无以反驳，也未能阻止正受老人出家。

这样，正受老人一直在寻求活着的观音，终于在 19 岁的时候得以开悟并出了家，后来收白隐禅师为弟子。白隐禅师是来求从地狱的恐怖中逃脱出来的道的。

白隐禅师幼名岩次郎，在 11 岁的时候跟着家人到了寺院，第一次听到关于地狱的说教。人如果做了坏事，将来会落入地狱。地狱之中有八寒地狱和八热地狱，都非常恐怖。白隐禅师听了此言，不由得毛骨悚然。这是白隐禅师后来在传记中所写的一段往事。

从此以后，白隐禅师对地狱害怕极了。他想，佛教说不能杀生，但是，我到河里钓过鱼，杀过蛇，捉过青蛙。

看来，我是注定要下地狱了。越是这样想，他就越感到恐怖。他满脑子里想的都是怎样从可怕的地狱之苦中逃脱出来。

有一天，年仅 11 岁的白隐禅师跟母亲一起洗澡。由于水稍微有点凉，当下女加了劈材后，火就烧得很旺盛，洗澡盆发出了吱吱的响声。于是，白隐禅师就一把紧紧地搂住母亲的身体，哇地一声哭了起来。

母亲吃了一惊，问他：“怎么了？哪里疼吗？你哭什么？”母亲关切地问他，安慰他，但是，他的哭声并没有停止下来。家里人千方百计哄来哄去，白隐禅师终于不哭了，但是却说出了这样的话：“地狱太可怕了。听到了洗澡盆的水吱吱响的声音，看到了火焰，我就想起了地狱，感到非常害怕。我想知道怎样才能不落入地狱。”

母亲也回答不了他的问题，于是就对他说：“我明天告诉你。”说完就哄他睡觉了。

第二天，白隐禅师已经忘掉了前一天发生的事情，到外面玩去了。但是，在外面玩的过程中不知怎么又突然想起了地狱的事情，于是回到了家里，连声喊母亲。这时家里正好有客人，母亲听到喊声后以为发生了什么事情。当她走到白隐禅师跟前的时候，白隐禅师就央求母亲给自己梳头。这话说出来以后，母亲感到很稀奇，当她笑着走到白隐禅师身后要给他梳头的时候，白隐禅师一下子握住了母亲的手，追问母亲："你说好了今天要告诉我的。你说过今天要告诉我怎样才能不落入地狱的。"

母亲无法回答，这样说道："你是丑年丑月丑日生的，所以是和牛有缘的孩子。牛是天神的侍者，如果每天拜天神的话就不会落到地狱里面了。"

于是，白隐禅师就按照母亲说的每天去祭拜一个寺院里面供奉的天神。就这样，一天天过去了，在参拜的过程中，白隐禅师与寺里面的小和尚也熟悉起来了，他就跟着这些小和尚学习《般若心经》。将《般若心经》背诵下来后，又开始诵读《菩萨经》。就这样，他将学过的经书全部背诵下来了。在他 14 岁的时候，读完了《禅林句集》这本书并背诵了下来。这本书共有两册，记录了禅宗的一些语录，文字难度比较大。

白隐禅师许了二十一天的愿并参拜了天神。结愿之日，白隐禅师心里想：我这么虔诚地信佛，就不会落入地狱了吧？于是，就想试一下天神的好处。具体的做法是，嘴里念诵着"南无天满大自在神，南无天满大自在神"，用烧得通红的火箸往腿上扎。就在腿碰到火箸的那一瞬间，火热的火箸烫得他简直就要跳起来。

白隐禅师想："我没有得到天神的好处，这样的话，我还是要落到地狱中去。"于是，他就下决心要出家了。

他出家的坚定信念让父母让步了。白隐禅师最早剃头的寺院是原松隐寺。这一年他15岁。

其后，他去了位于今天的静冈市清水区上清水町的禅丛寺进修佛教的学问，在那里学习禅宗历史的时候发生了一件事情。他看到了这样的一条记录：古时候，在中国有一个叫作"严头"的和尚被贼斩首了。白隐禅师读了这条记录又陷入了沉思，如果修行圆满的大和尚还能被贼人斩首，那么修行又有何用？出家尚得不到拯救，我还坐禅作甚？从此以后，他只读一些诗词、小说之类的文学类书籍，不再读经。有一天，他看到一本名叫《禅关策进》的书之后，认清了自己的错误。

这本书中记载了这样一件事情：一个叫作"慈明"的人与五六个朋友一起跟着汾阳和尚修行。到了晚上，他的朋友们都鼾声四起，进入了梦乡。只有慈明一个人用锥子刺大腿，彻夜不眠地坐禅。稍一打盹，他就用锥子刺大腿，由于疼痛，就再次醒来，继续坐禅。

他还说，"生无益于时，死无闻于后，是自弃也！"这句话的意思是，人生下来以后，对社会没有任何贡献，在死后也不被人所知，假若人生仅是如此，那么活着就没有价值。这样，慈明每天晚上就忍着锥刺股的疼痛坐禅。这就是有名的“慈明引锥”的故事。

据《禅关策进》一书记载，白隐禅师看过慈明和尚的故事以后，连说两句：“吾之误也，吾之误也”。他这样对自己进行了深刻的反省：是我错了，走文学之路是错误的。如果不能像慈明和尚那样拼命地求得佛法，拼命地追求真理，拼命地坐禅，就得不到真理。这样反省之后，白隐禅师就又回心转意，立志修行了。这个故事所要告诉我们的是：就像将自己的肉体剁碎一样下苦功夫，就像苛责自己的精神一样锻炼自己的意志，拼命地去修行。白隐禅师终于开悟，成了“五百年间不出世”的名僧。

“刻苦追求光明，必豁然开朗。”这句话就是从拼命修行中获得新生的白隐禅师的话。意思是说，越是吃苦，伟大的世界就越会向你打开。

荣西禅师在《兴禅护国论》的序文中咏诵道：“大哉心乎。天之高不可极也。而心出乎天之上。地之厚不可测也。而心出乎地之下。日月之光不可逾也。而心出乎日月光明之表。大千沙界不可穷也。而心出乎大千沙界之外。其太虚乎。其元气乎。心则包太虚而孕元气者也。天地待我而覆载。日月待我而运行。四时待我而变化。万物待我而发生。大哉心乎。”这段话的意思是，人心，实在是广大无边。宇宙洪荒只不过在我心中运行。心中有天覆地载，心中有春夏秋冬，心中发生森罗万象。天之高，地之厚，无以丈量，但是心却可以上天入地。太阳只照亮白天，月亮只照亮夜晚，但是心却照亮日月莫及的地方。大千世界之外我们去不了，但是心却出于大千世界之外。

唯独这样伟大的心才是人性的原点。所谓“人性的原点”，就是说如果醒悟到如此伟大的心，那么，这个世界本身就会变为一片净土，就会切实感到自己的身体本身就是佛。即所谓的“此处即莲花国，此身即佛”的境地。

道元禅师在《正法眼藏》中说：“惯习佛道者，惯习自己也。惯习自己者，坐忘自己也。坐忘自己者，见证万法也。见证万法者，使自己身心及它已身心脱落也。”这段话的意思是，所谓的懂得佛教，所谓的懂得禅，就是醒悟到真实的自己。为了醒悟到真实的自己，必须坐禅，以至于达到忘记自己的身体存在的境地。身体也消失了，心中也消失了，变成了绝对无，一度达到了死的境地。完全杀死了自我。这样，心之眼打开，感觉到所见所闻的一切都是自己本身。世间万物，森罗万象，都在证明自己，自己与他人的区别消失了。当自我消失以后，就可以获得真正的自由。这就是禅，就是醒悟。

要达到这样的境地，无论身心，均不可娇生惯养。只有经受住锥刺股般的痛苦，做好 7~10 天不睡觉坐禅的精神准备。

腿痛是辛苦的，身体的疲倦是辛苦的，肚子饿是辛苦的，瞌睡也是辛苦的。应当经得起辛苦，忘却自己。再进一步，就是应当杀掉自己。唯独彻底地忘却自己，杀掉自我，心之眼才能打开。一个新的、真实的生命就会从此诞生，一个伟大的世界就会在我们的面前展开。

正如甜食吃多了会有龋齿一样，在溺爱教育下成长起来的人在精神方面也会颓废。在禅宗中有“茶礼”，饮用苦茶，也是为了经受住修行的艰苦考验。茶的苦味可以提神，养精蓄锐，禅僧就是在艰苦的修行中点点滴滴积累悟性，最终达到开悟的境地的。慈明和尚采用锥刺股的佛法坐禅，白隐禅师也拼命地修行。过去的祖师为了杀掉自我而开悟，都达到了艰难修行，苦苦修行的境地。

想起“刻苦追求光明，必豁然开朗”这句话，我的建议是：拒绝溺爱教育，不贪图奢华的享乐，不贪图安逸，严于律己。唯有苦苦追求真理，苦苦读书学习，苦苦开展实践活动，才能醒悟到伟大的人性。

不贪图安逸，也就是以不怕吃苦的精神状态立志苦学、坐禅。最后，祝愿大家醒悟到人类与生俱来的绝对的尊严和绝对的自由！

[跋]

无文师父教给我们一种修行方法，就是问自己这样一个问题：究竟什么才是真正的自己？无文师父青年时期投奔河口慧海师父受戒，还聆听过基督教牧师的教诲，最终受天龙寺关精拙禅师钳锤，过行脚僧生活达50年。其后，有缘回到母校花园大学任教并担任校长长达30年之久。期间，更值守祥福僧堂，同时为讲解经法和教化大众。如此不辞辛苦东奔西走的日子里，无文师父每周到大学校园一次，为学生们讲禅，从未间断。本书即是其晚年的记录。

无文师父用平易的语言给青年学生们讲解被视为深奥难懂的禅学，师父此心即为经常“审视自己”。师父通过禅学谈日本文化、谈技艺，有时甚至触及时事问题，忧虑日本的未来。如此大费周章，只缘他对青年人充满了期待。这 17 篇作品就是在大学校园里诞生的。

如此厚积薄发、宏旨宽泛的禅学前所未有。它不是为了学问的学问，而是有价值的、为了人生的学问。可以说，这是一部“无文法句经”，是现代人的一部人生指南书。